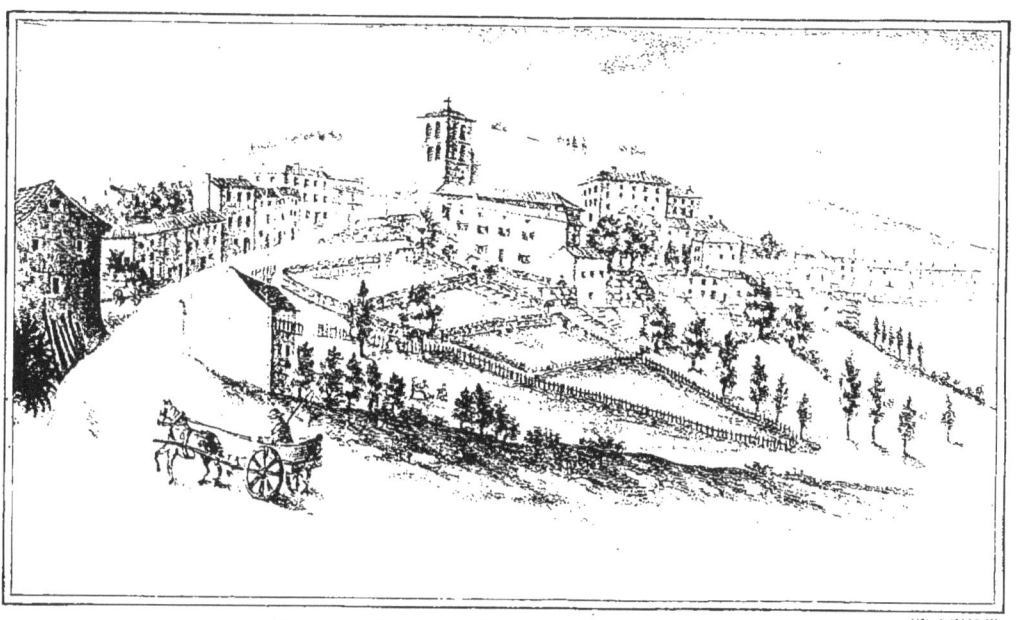

VUE DU BOURG DE S‎t BONNET-LE-COURREAU.

NOTICE HISTORIQUE

sur la commune

DE SAINT-BONNET-LE-COURREAU

CANTON DE ST-GEORGES-EN-COUZAN (LOIRE)

PAR

M. PROST

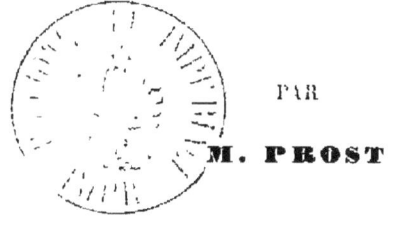

MONTBRISON

IMPRIMERIE CONROT

1864

AU LECTEUR

> « Vis me scribere historiam hujus ce
> « regionis : non possum. Patria mea
> « non est, sed urbs........................
> « Epistola Flavinii ad Ligurium. »

Ce n'est point l'histoire entière et complète de la commune de Saint-Bonnet-le-Courreau que l'auteur a voulu écrire, mais bien un simple récit. Il a essayé de réunir quelques matériaux pour connaître les annales de cette localité et, grâce aux bons renseignements qui lui ont été fournis, à la chronique, à la tradition, aux actes et anciens parchemins, il a pu colliger et coordonner des documents isolés jusqu'à ce jour.

Les ouvrages historiques s'occupent généralement des villes, parlent peu des chefs-lieux de canton et ne disent presque jamais rien des communes en particulier. Pourtant l'histoire de chacune d'elles se rattache toujours à l'histoire générale et présente souvent des faits qui ne manquent pas d'intérêt. Toutefois il est plus difficile, aujourd'hui, d'écrire les annales d'une province ou d'une petite commune, que de compiler toute l'histoire ancienne.

L'époque actuelle sera remarquable entre toutes par les travaux d'élaboration pour interroger et reconstituer en quelque sorte le passé.

Ne voyons-nous pas, de nos jours, les personnages les plus éminents s'occuper d'histoire et d'archéologie. L'Empereur ne fait-il pas opérer des fouilles nombreuses et n'a-t-il pas donné ses soins à la vie de César? M. le duc de Persigny n'a-t-il pas créé la société de la Diana?

Que de questions ces sciences ne tendent-elles pas à résoudre? Politique, religion, mœurs, usages ; elles embrassent tout et répandent la lumière sur les objets que la marche rapide des temps couvre incessamment d'une obscurité de plus en plus profonde. Aussi pour parvenir à de bons résultats, elles s'aident de toutes les ressources que le progrès des sciences met à leur disposition : tantôt analysant des ruines, tantôt étudiant de poudreuses archives, pour y chercher les souvenirs à demi effacés de ces siècles qui se souciaient peu de laisser pour l'avenir les traces de leur passage.

Dans cette nouvelle ardeur pour les recherches historiques, on s'attache surtout à retracer les souvenirs de chaque localité, à raconter aux habitants les fortunes et les actes de leurs ancêtres ainsi que les vicissitudes ignorées de leur terre natale.

Malheureusement les efforts sont quelquefois impuissants par la pénurie de mémoires et d'annales nécessaires. Dans le Forez que de manuscrits, émanés de la plume des Bénédictins, ont été anéantis par les odieux compagnons du baron des Adrets. Que de chartes et de terriers ont été brûlés par les séides de Javogues! Car ce fut presque toujours aux hommes instruits et religieux que nous dûmes le peu de faits qui sont parvenus jusqu'à nous, tandisque c'est, au contraire, au fanatisme et à l'ignorance que l'on doit la destruction de nombreux ouvrages.

L'histoire générale qui, dans sa marche large et rapide, résume l'ensemble des évènements accomplis les plus saillants, dédaigne les détails; tandisque l'histoire particulière, qui recueille diligemment les matériaux que la première choisit et met en œuvre, se plait dans l'investigation des indices les plus fugaces par lesquels se formule l'existence des générations éteintes. En vérité les moindres faits sont rarement dépourvus d'une valeur au moins relative, parcequ'ils se rattachent à des incidents plus importants, dons ils sont le corollaire ou le complément.

En traçant ce petit essai, l'auteur a eu uniquement pour but d'utiliser quelques moments de loisir pendant les longues, oui trop longues veillées d'hiver. En effet, l'esprit inquiet et ennuyé cherche, à la campagne, un aliment qu'il ne trouve pas toujours comme au sein des villes. L'étude procure alors de bien douces satisfactions; et le plus maladroit, le moins habile, peut bien se donner les plaisirs d'un travail quelconque.

Vouloir qu'un homme s'occupe exclusivement de sa profession serait être exigeant et ridicule. Il y a en toutes choses une juste mesure déterminée par la condition particulière de chacun et il peut être utile ou nécessaire de bien connaître le pays que l'on habite.

Mais laissons ces considérations de côté, et montons à Saint-Bonnet-le-Courreau.

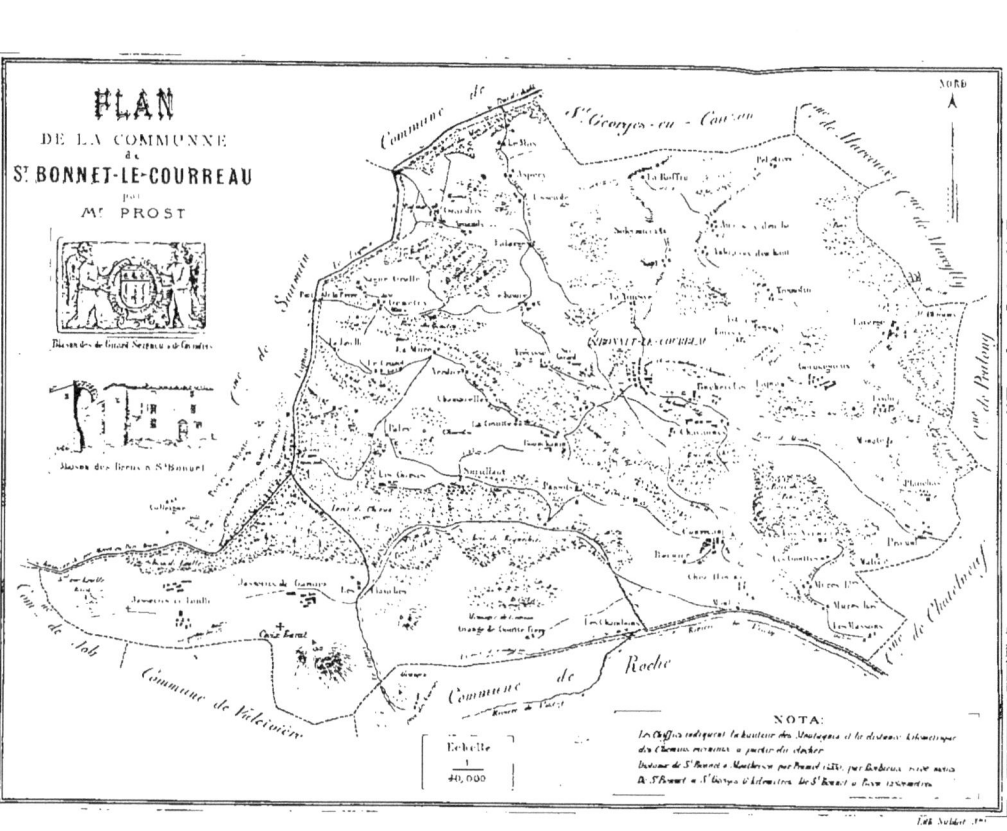

PLAN

DE LA COMMUNNE
de
S.t BONNET-LE-COURREAU
par
M.r PROST

NOTICE HISTORIQUE

SUR LA COMMUNE DE

SAINT-BONNET-LE-COURREAU

CANTON DE SAINT-GEORGES-EN-COUZAN (LOIRE)

PAR

M. PROST

TOPOGRAPHIE

Située sur le premier échelon de cette chaîne de montagnes qui borne, à l'ouest, la plaine du Forez, la commune de Saint-Bonnet-le-Courreau présente dans son ensemble un aspect assez satisfaisant. Un peu agreste dans sa partie élevée, elle offre, dans celle qui avoisine les plateaux inférieurs, un climat plus doux et une végétation plus riche.

Composée d'un grand nombre de hameaux disséminés dans un site pittoresque, elle s'étend, depuis le bas des collines qui atteignent la plaine, jusqu'aux limites de l'Auvergne, et comprend une étendue de 5,018 hectares.

On aime à voir les ondulations de cette campagne couverte de bois, de montagnes, de prairies et de terres bien cultivées.

Bâti en amphithéâtre, le bourg paraît assez régulier vu à une certaine distance. Des constructions anciennes, les unes tristes et modestes rappellent les temps de servage de nos ancêtres ; les autres, au contraire, réparées récemment, accusent l'époque moderne qui a besoin d'air, de vue et de lumière. Le mont sur lequel il repose s'élève à l'Occident et descend à l'Orient jusqu'aux communes de Pralong et de Marcilly. Au Sud-Est, la pente est moins verticale et la commune joint celle de Chatelneuf.

Du haut de ce bourg, la vue s'étend fort au loin et embrasse la plaine du Forez, depuis Balbigny jusqu'à Saint-Rambert, et, sous les feux du soleil couchant, les étangs brillent et scintillent comme autant de diamants placés au hasard pour orner ce riche tableau.

Par une belle matinée d'été, on aperçoit au-delà

des montagnes du Lyonnais, le Mont-St-Bernard et la chaine des Alpes aux neiges éternelles.

Si vous parvenez à l'extrémité du monticule qui domine le centre de la commune, et que vos regards se dirigent au couchant, vous jouirez alors d'un beau panorama. Ce n'est plus la plaine monotone avec son fleuve, ses villages et ses châteaux, c'est un spectacle nouveau, tout à la fois étrange et grandiose, qui se déroule devant vous. Là est le bois du champ de la Clef qui s'étale sur un mamelon, ici la vallée du Lignon, le vieux manoir des Sires de Couzan, les bourgades de Sauvain et de St-Georges ; plus loin Chalmazel et le château des Talaru ; enfin, pour dernier plan, les jasseries, semées çà et là sur la haute montagne couverte de bruyères, et l'âpre forêt de Chorsin, taillée à pic au-dessus des rochers bizarrement groupés qui servent de base à ce géant que l'on nomme Pierre-sur-Haute.

La Suisse avec ses châlets n'est pas plus intéressante que cette partie de la commune où les perspectives sont variées à l'infini.

Aussi les montagnes de Saint-Bonnet semblent-elles dessinées par le génie de l'utilité : les sommets sont couverts de bois pins et les hêtres, mêlés aux sapins vigoureux, drapent d'une mante verte les escarpements inférieurs.

Pour servir de dôme à ce paysage la Providence lui a donné un air pur et un ciel d'un azur inimitable aux beaux jours de l'été.

En considérant attentivement cet ensemble d'objets disparates, on ne peut qu'admirer les changements que parviennent à opérer les travaux de l'homme des champs doué d'une opiniâtre volonté. La nature de ce sol accidenté, mais fertile, ne sert qu'à mettre en évidence l'intelligence des habitants, leur activité merveilleuse et leur attachement pour ce pays où reposent les cendres de leurs pères.

MŒURS

—

Les mœurs des habitants de cette commune sont douces et primitives : quelques familles ont conservé ce cachet patriarchal que l'on retrouve avec plaisir dans les campagnes.

Des mœurs simples et sévères, dit un auteur, soutiennent l'agriculture. Nous ajoutons qu'elles contribuent essentiellement au maintien de l'ordre public et au bonheur des individus.

A St-Bonnet, les cultivateurs sont généralement actifs, probes, laborieux, et robustes ; les femmes s'y distinguent par un esprit de foi et leur grand attachement à leurs devoirs.

Si cette population est un peu arriérée, elle conserve du moins les bons principes qui lui ont été enseignés par ses pasteurs. La religion prêchée à ces cœurs naïfs a formé de bons pères de familles et de vertueuses ménagères. Là, plus qu'ailleurs, on s'aperçoit que le sentiment religieux a un peu secondé le temps dans la culture de ces esprits ignares.

En effet, il existe une étroite connexité entre les idées religieuses et morales. L'éducation chrétienne, dans les campagnes, impose le dogme à la raison, en même temps qu'elle enseigne les règles les plus vulgaires de la probité ; qu'elle apprend à aimer son semblable et à se conduire selon les lois de la justice.

Au commencement de toute société, on voit la force brutale présider à toutes les relations humaines et le culte perfectionner peu à peu le cœur et l'esprit d'un être dur et sauvage.

Mais aujourd'hui deux forces se partagent le monde : le progrès et la routine. Longtemps elles se font équilibre, et il arrive enfin un moment où la première l'emporte sur l'autre. L'essentiel est que le progrès n'aille pas trop vite, parcequ'il détruit souvent ce qui est bien pour amener le mal ; il a besoin, quelquefois, du temps pour mûrir ses fruits.

Dans notre siècle de lumière, tout se modifie et la science se fait jour parmi les peuples les plus naïfs et les plus ignorants, de même que chez les nations les mieux civilisées. Devons-nous l'avouer, la royauté, elle-même, si longtemps inviolable, si longtemps principe et fin de toute activité gouvernementale, n'a-t-elle pas fait amende honorable devant la raison et le progrès, et, pour conserver son autorité, n'a-t-elle pas consenti au sacrifice de toutes celles de ses prérogatives qui lui étaient les plus chères et qui n'avaient pas pour objet l'intérêt général? n'a-t-elle pas fait comme un plaideur qui a de grandes prétentions, mais dont les droits sont litigieux, et qui, plutôt que de courir la chance de tout perdre, préfère une transaction à un jugement dont l'issue est également douteuse aux yeux de la partie adverse? n'a-t-elle pas renoncé à tous ses vieux attributs du droit divin, à toutes ses lois despotiques du moyen-âge, et compris qu'elle n'est plus aujourd'hui qu'une magistrature héréditaire, établie pour le maintien de l'ordre et de la paix?

Il importe, sans doute, aux habitants des campagnes de bien connaître ce qu'ils se doivent entr'eux, mais il leur importe bien plus de suivre les aspirations du progrès matériel et intellectuel.

Nous ne comprenons la civilisation dans les montagnes que lorsqu'elle a la religion et la liberté pour moteurs ou pour guides, à condition toutefois que la première n'empiétera point sur les pouvoirs civils. L'excès en tout est un défaut, et souvent on court le risque de dépasser le but. Le zèle maladroit ou mal entendu d'un ministre du culte peut amener des résultats fâcheux et fausser l'opinion ou l'esprit d'une population trop crédule, soit qu'il s'agisse de religion, d'affaires publiques ou privées. L'expérience l'a prouvé récemment, pendant les jours de lutte politique qui ont précédé un moment de fièvre électorale. Chacun, maître de soi, doit à son gré disposer de sa volonté. Autrement, au lieu d'être un homme raisonnable on devient un pur automate. Concevez-vous un être privé de raison, ou une raison sans volonté, ou une volonté sans action, ou un acte qui soit réellement de celui qui l'opère, s'il ne dépend pas de lui uniquement?

Le bien et le mal impliquent un choix, impliquent la liberté individuelle; et la liberté, soumise aux conditions générales de l'ordre, a ses limites et ses règles: pour le corps, dans les lois physiques, pour l'esprit, dans les lois de la justice commune.

Abandonné à sa libre volonté, l'homme, aujourd'hui, dit à la terre: fais germer cette plante en ton sein; et la plante y germe pour que son fruit le nourrisse. Il dit au vent: transporte-moi sur les mers ou dans les airs, et cet élément lui obéit quelquefois. Il dit à l'électricité de faire connaître instantanément sa pensée à des distances prodigieuses, et l'électricité obéit. Il dit à la vapeur: fais l'œuvre de mes bras, prête-moi ta force si supérieure à la mienne; et pendant qu'il se repose, cette force aveugle opère avec une régularité merveilleuse ce que sa pensée a conçu.

Mais s'il y a des droits et des devoirs que chacun doit suivre et si l'homme des champs doit aussi manifester librement sa pensée et sa volonté, il est utile et indispensable, pour ce dernier, d'écouter la voix de sa conscience qui sera la meilleure conseillère, à défaut d'instruction et d'éducation.

Cultivateurs intelligents, ne croyez jamais trop faire pour garder la paix : la paix, fondement de tout bien, en est aussi le couronnement. Supportez les autres pour qu'ils vous supportent également. N'avons-nous pas tous nos faiblesses, nos défauts, nos moments fâcheux? La patience émousse peu à peu les aspérités les plus rudes et amène toujours de très bons résultats. Certes, si l'esprit processif n'est pas aussi développé dans la commune de St-Bonnet que dans certaines autres localités du canton, on le doit certainement aux sentiments orthodoxes de la population de ce pays, où ce vieil adage « *Un mauvais arrangement vaut mieux qu'un bon procès* » reçoit assez souvent son application.

Il est pénible de se voir attaquer dans son bien ou dans son droit; de se voir prendre pour dupe par un plus pervers et un plus habile, mais les abords des tribunaux sont tels qu'il faut y laisser une portion de la valeur en litige, avant que d'entendre prononcer la sentence. Autant vaut donc laisser aller quelques parcelles de son avoir aux mains d'un parent ou d'un voisin, que de le faire dévorer en procédures, plaidoiries, écritures et enregistrement. On consulte avocats, avoués, et si on laisse entre leurs mains son dossier, il est certain que le procès le mieux réussi aura pour résultat d'alléger votre bourse. *Dura lex, sed lex*.

La morale a beaucoup plus à en souffrir, car enfin, il n'y a rien d'étonnant qu'un fripon s'empare de la chose d'autrui, tandisque il est toujours affligeant de penser que la justice humaine ne puisse mettre la main dans les débats, sans qu'il s'en suive vacations et dépens. Un procès d'aggression attire toujours procès de représailles. Si l'on est rigoureux envers un adversaire, il est certain que celui-ci, exaspéré, ruminera quelques nouveaux tours de chicane qui amèneront de l'ennui, du souci, des démarches, des pertes de temps et de la dépense. A Saint-Bonnet, les procès sont peu nombreux et ont pour objet le plus souvent des difficultés relatives au bornage et aux cessions de droits successifs.

La révolution qui a dévoilé ailleurs tant de turpitudes, n'a fait ici que mettre plus en évidence le bon esprit dont la population est animée. Tandisque des mains profanes et étrangères détruisaient presque partout les objets du culte, on prenait, au contraire, tous les moyens imaginables pour les préserver et les soustraire à la rapacité et au vandalisme des partisans du désordre. Les excès des révolutions n'auraient point pénétré dans ces montagnes, sans les incursions de quelques bandes désorganisatrices qui, venues toujours de Montbrison, se livrèrent parfois au pillage et à la dévastation. Les victimes de la terreur furent toujours accueillies avec bienveillance et empressement sur ce sol hospitalier qui, à ces époques de déplorable mémoire, n'a été le théâtre d'aucun crime, si ce n'est le sacrilège et la profanation des objets du culte.

Mais si ces bonnes gens possèdent d'excellentes qualités, il y a bien aussi le revers de la médaille.

Pleins d'amour propre entr'eux, ils deviennent exigeants, vaniteux ou impolis quand ils commandent l'argent à la main; humbles et rampants quand ils ont besoin d'un service.

Chacun se croit plus que son voisin et se trouve quelquefois susceptible à l'excès, soit qu'il s'agisse d'une prise d'eau, d'une limite ou d'une parole échappée par mégarde de la bouche d'une commère imprudente.

Plusieurs sont vantards ou bavards dans le vin, et regrettent le lundi ce qu'ils ont dit la veille, car leur caractère est foncièrement bon.

Les dimanches et jours fériés, on les entend parfois, dans les sept cabarets du bourg, déchirer à belles dents leur prochain. Poussés par je ne sais quelle manie ridicule de tout critiquer, ils parleront à tort et à travers des affaires privées, de l'administration civile et religieuse. Maire, secrétaire, curé, vicaire, notaire, médecin, garde-forestier, garde-champêtre, etc., personne n'échappe à leur malice stupide et, quant le chapitre de ces messieurs est épuisé, on tombe à bras raccourci, sur le dos de leurs prédécesseurs.

Hélas! tout n'est pas parfait dans ce bas monde, et il n'est pas étonnant que ces gens, après un travail incessant et pénible de toute une semaine, se laissent surprendre par le vin. Mais à vrai dire, il n'y a pas d'ivrognes dans cette localité et ce n'est qu'une fois par semaine qu'on les voit se livrer à cette intempérance de langage et de boisson, conséquence inévitable de l'ignorance ou du repos dominical.

Toutefois, les défauts les plus saillants des habitants de cette commune sont l'entêtement et la routine. Leur père, leur grand-père, faisaient telle ou telle chose, de telle ou telle manière :

donc il faut en faire autant. Ils ne le disent pas toujours, mais ils le pensent et agissent en conséquence.

Parfois quelques-uns se laissent mener, comme de vrais nigauds, par certains charlatans d'une cupidité et d'une avarice sordides qui ont toujours tout fait, excepté le bien. Ces donneurs de conseils s'inquiètent peu d'être méprisés et détestés par le public : l'essentiel pour eux est d'amener l'eau à leur moulin et, *diable ma fi !* tant pis pour l'imbécile qui se laisse prendre.

Aussi le fabuliste a-t-il raison de dire :

« Certaines gens faisant les empressés
« s'introduisent dans les affaires ;
« Ils font partout les nécessaires
« Et partout importuns, devraient être chassés. »

Dans cette commune, les filles d'Eve sont par trop crédules et cancanières. En sortant du confessionnal, elles tomberont sur le compte de leurs voisins et il serait plus facile d'arrêter le soleil que d'arrêter leurs langues.

Naturellement curieuses à l'excès, le moindre fait de peu d'importance prend de suite à leurs yeux des proportions collossales, qu'elles savent augmenter encore.

Les cancans, fils de l'ignorance et de la bêtise,

occupent toujours, au détriment du prochain, les loisirs des désœuvrés; et dans les campagnes, les commérages ne sont souvent que des bruits imaginés à dessein, pour nuire à une personne que l'on redoute ou pour donner de la couleur et de l'intérêt au récit. Il est si difficile aux esprits incultes d'alimenter une conversation par les voies honnêtes et loyales qu'il faut absolument mentir. Aussi faut-il voir comme certaines caillettes (*), (du pays), s'en donnent à cœur-joie !

Il existait jadis une loi chez les Francs qui ordonnait de couper la langue des femmes convaincues de mensonges et de calomnies *(malè dicere de hominibus).*

Si cette disposition législative était encore en vigueur, que de langues coupées il y aurait à St-Bonnet !...

Le caractère d'un peuple se manifeste dans ses jeux et ses habitudes. Les faire connaître, c'est révéler la partie intéressante de son histoire, celle qui pique le plus la curiosité du lecteur.

Les fêtes patronales sont, en général, dans les campagnes, les époques où la joie éclate davan-

---

(*) Femmes babillardes.

tage, où l'homme des champs se livre le plus à satisfaire son goût et ses appétits brutaux. A St-Bonnet, comme ailleurs, on aime ces fêtes et l'on bougonne contre le curé s'il en supprime quelques unes dans son calendrier ; mais la jeunesse ne sait point ou ne veut pas prendre ses ébats au grand jour et en public. Elle craint le qu'en dira-t-on et autre chose que l'auteur ne peut dire. Or, c'est dans les cabarets que l'on s'amuse, si toutefois l'on peut appeler amusement l'ivresse bête que donne la boisson prise à fortes doses et les chansons criées à tue-tête.

Les danses sont bien un divertissement, mais il y a de quoi pouffer de rire, en voyant singer celles qui s'exécutent à la ville. — Vive la *Bourrée* et en avant la *Virouneiri !*...

Le billard, ce jeu si attrayant, n'a pas encore fait son entrée dans les cabarets, mais quoiqu'il arrive, on ne détrônera jamais la partie de *bourre,* la *quadrette* et le *cinq-cents.*

Un jour de mariage est une fête où la jeunesse aime à se trouver.

Les jeunes invitées donnent un gros bouquet de fleurs artificielles aux jeunes gens, et chaque amazone chevauche avec son cavalier pour escorter les fiancés à l'église. On perfectionne même cette entrée triomphale, et une noce qui fait bien les choses, préfère les chars-à-bancs; plus il y en a, plus c'est honorable aux yeux ébahis des badauds. Place, place, voici la noce qui s'avance, chevaux trottant, rubans flottant! On arrive à l'église, les cloches s'ébranlent et font entendre de joyeuses volées, au milieu des décharges de coups de pistolets : Si l'on sonne dru et longtemps, la jeune épouse, dit-on, sera bonne nourrice.

La cérémonie religieuse terminée, on ne songe plus qu'à la danse et aux festins.

Le ban et l'arrière ban des parents et amis a été convoqué, et certes il faut un cuisinier ou une cuisinière émérite pour la circonstance. Les mets se confectionnent à la hâte. Sur les tables, se présentent, par escadrons serrés, d'énormes morceaux de viande fumant, véritables pièces de résistance pour l'ennemi. C'est un vacarme, des odeurs de rôtis, des grésillements, un bruit de verres et de bouteilles à donner le supplice de Tantale au plus sobre anachorète et à épouvanter un gourmet qui se respecte. Boire, manger, crier, danser, voilà la grande affaire et le résumé le plus net de tous les divertissements un jour de noce dans cette commune. On restera à table, — grand point et de haute importance, — depuis midi jusqu'au soir. Quelques minutes d'arrêt seront suffisantes et l'on recommencera, car nos paysans ont l'estomac solide, et l'appétit est excellent dans la montagne. La noce continue toute la nuit et souvent le lendemain. Il est à peu près sans exemple qu'elle ne dure pas deux jours ; parfois même elle n'expire qu'au troisième. Il semblerait qu'on n'est pas bien marié sans cela.

N'est ce pas là un abus de bien mauvais goût ? Ce jour où les jeunes époux devraient, ce me semble, se montrer seulement dans la joyeuse tranquillité du foyer domestique, entourés de leurs plus proches parents, et se dérober aux regards profanes curieusement avides, on convoque une infinité de gens étrangers autour de soi, on pose devant eux, et on se condamne à se laisser regarder de profil et de face comme une bête extraordinaire. Peu importe, c'est l'habitude ; ne faut-il pas faire comme les anciens.

Patience, jeunes époux, les soins et les embarras du ménage vous feront bientôt oublier tout ce bruit mensonger ; bientôt les amertumes et les déceptions de la vie dompteront votre jeunesse rieuse et insouciante de l'avenir.

Si l'on fête grassement les mariages, les baptêmes sont aussi l'occasion de joyeux repas, tant il est vrai que pour naître, se marier et mourir, il faut faire parler un peu de soi. Mais devrions-nous l'avouer, les enterrements sont quelquefois aussi suivis de repas trop prolongés. Le pauvre mari enterré bel et bien, les complaisants ou les amis trop empressés s'occupent déjà de lui trouver un successeur, pour ne pas laisser péricliter les intérêts de la maison. A ces offres, que de veuves pourraient dire, comme cette femme de la fable à laquelle son mari proposait, à son lit de mort, d'épouser après lui, son garçon meunier :

« Hélas ! j'y pensais. »

L'éducation qui fait d'un homme grossier un être poli, honnête, doux et sociable est à l'état de néant dans cette commune. Des frères religieux et des sœurs dévouées, sacrifient leur santé pour instruire la jeunesse. Après bien du temps, de la peine et des soins fastidieux, ils parviennent à faire connaître à ces enfants les principes de leur religion et à leur apprendre à lire et à écrire, mais tout cela n'est qu'un accessoire. Mieux vaudrait qu'ils soient plus civilisés et moins sauvages.

L'instruction sans l'éducation n'est rien ou plutôt c'est un beau diamant recouvert de boue : Malheureusement l'éducation se trouve plus souvent au sein de la famille que sur les bancs de l'école. La différence que j'établis entre ces deux choses utiles et nécessaires est celle qui existe entre la bête à l'état sauvage et l'animal à l'état de domesticité. Etre instruit c'est connaître les sciences peu ou prou ; être bien élevé c'est avoir des relations agréables et polies avec tout le monde ; c'est savoir se respecter et respecter les autres ; c'est connaître les convenances sociables ; c'est être doux et honnête ; en un mot c'est être homme. Un vernis de bonne éducation vaut mieux souvent que l'instruction seule, et est recherché avec plus d'empressement. Mettez en présence deux hommes, l'un grossier, l'autre bien élevé ; votre choix ne sera pas douteux ; l'un vous repousse, l'autre vous attire : vous aimerez l'un, vous détesterez l'autre, parce que la sympathie est un sentiment qu'on ne peut ni analyser ni discuter.

Malgré soi, à première vue, une espèce d'influence magnétique irrésistible vous entraîne vers telle ou telle personne. Et chose extraordinaire, cette espèce d'intuition qui vous dirige ainsi contre votre propre volonté, ne vous égare presque jamais : tôt ou tard vous êtes forcé de reconnaître que ce qui, aux yeux prévenus de la société, avait semblé une erreur, était au contraire une vérité, et que votre cœur, loin de vous tromper, vous avait fait voir juste.

Ainsi on voit aujourd'hui, dans le monde, des pères de familles favorisés par la fortune, choisir par pure sympathie dans l'intérêt de leurs enfants, les établissements religieux où la jeunesse reçoit avec l'instruction une bonne éducation bien comprise, tels que ceux des Jésuites, des Carmes, des Chartreux et des Maristes.

Il serait même à désirer que le système, sinon l'esprit de ces institutions, fût adopté par tous les colléges et petits séminaires, où l'on rencontre des professeurs instruits mais pas très bien élevés. Fils de cultivateurs ou d'artisans, ils ne peuvent apprendre aux autres ce qu'ils ignorent eux-mêmes.

Mais laissons cette question brûlante, toute palpitante d'actualité et revenons à nos affaires d'intérieur.

Si depuis la révolution de 93 les mœurs et les coutumes de la commune de St-Bonnet ne sont plus les mêmes, les vêtements de ses habitants ne ressemblent plus à ceux de leurs bons aïeux.

Avant cette époque, les hommes portaient des habits de droguet, espèce d'étoffe en laine et fil. Les petits garçons, jusqu'à l'âge de six ans environ, étaient vêtus d'une petite robe de droguet de couleur foncée ou claire et coiffés d'un bonnet garni de galons de différentes couleurs. Parvenus à l'adolescence, on leur chaussait des culottes courtes ; des jarretières munies d'une boucle d'acier retenaient au genou les bas et la culotte. Un gilet croisé, une veste, à petit collet, verte ou bleue et un chapeau rond, sous lequel s'échappait une queue formée avec leurs cheveux complétaient cet accoutrement. Lorsqu'ils avaient atteint leur quinzième année, on leur achetait des souliers et un habit en drap de Vienne ou de Montauban. Les filles étaient habillées en droguet de couleur claire, jusqu'à l'époque de leur première communion ; on complétait alors leur costume par un tablier à petits bouquets rouges, bleues ou jaunes, et une coiffe à grandes ailes.

Les chefs de famille mariaient ordinairement leurs aînés, garçons ou filles, dans la maison paternelle. Les garçons, nommés héritiers universels, pouvaient se marier à 14 ans et les filles à 12. On a vu une personne, dame Derivod, née en 1730 et décédée en 1810, allaiter son enfant à l'âge de 14 ans, et celà malgré ses nombreuses occupations et l'exiguité de sa taille. Elle atteignit l'âge de 80 ans, après avoir épousé deux maris et élevé une nombreuse famille, dont les descendants ont habité Montbrison, où leurs noms sont honorablement connus.

Par contrat ou testament, on donnait la totalité des biens à l'aîné, à la charge de payer une légitime à ses frères ou sœurs, laquelle variait suivant le droit écrit et le nombre d'enfants. Lorsqu'il y en avait deux, la portion virile était d'une sixième portion, trois une neuvième, quatre une douzième et ainsi de suite. Le code civil a changé ces dispositions, mais il n'en est pas moins vrai que la quotité disponible, permise par l'article 913, autorise une véritable injustice dans les familles de nos montagnes, où cet article est en honneur et où l'aîné se trouve toujours favorisé aux dépens des autres: En effet n'est-il pas inique qu'un enfant qui viendra au monde le premier soit traité plus avantageusement que ceux qui viendront après lui ? Tandis que celui-ci sera dans le bien être, il arrivera souvent que les autres seront dans la gêne ou la misère. Un père doit-il avoir des préférences pour quelques uns de ses enfants quand ils viennent au monde ? Est-ce que l'animal agit ainsi ? Mais passons plus loin : Devant un préjugé la discussion est inutile.

Pour aider et faciliter les arrangements et les pactes de famille, on donnait aux enfants qui quittaient le toit paternel, en les mariant, un lit recouvert en cotonne avec ses rideaux en Catalogne, une armoire en sapin, du blé, des brebis, une vache et enfin une ânée de vin rouge, suivant les circonstances et la position des donateurs. En faisant les fiançailles, on marchandait les articles de mariage et souvent il avortait faute d'un lit ou d'une armoire.

Rarement on divisait la propriété en justice, et des experts inhabiles réglaient, à l'amiable, les difficultés qui pouvaient surgir dans les partages.

Le patrimoine héréditaire restait presque toujours dans la maison. Les familles de ce genre n'éprouvèrent jamais ces divisions qui les appauvrissent et les font même disparaître. Les humbles existences qui croissaient et s'éteignaient dans cette vie de communauté qu'on trouvait jadis dans ces montagnes, restaient à l'état latent. Ces hommes simples et bons, intelligents et probes, vivaient paisiblement au milieu de leurs champs, sans revêtir la toge virile et l'armure des combats. Les fils faisaient ce que faisaient les pères, aimaient ce qu'avaient aimé les pères. Le travail gagnait le pain de l'année. Le dimanche on se reposait et on priait. Les anciens exerçaient une espèce de sacerdoce au sein de la famille.

Le maître qui avait plutôt l'air d'un patriarche au milieu de ses enfants et petits enfants, ou d'un roi au milieu de son peuple, faisait régner la paix et la concorde dans sa chaumière hospitalière. Sous l'humble costume du laboureur, on découvrait cette grandeur d'âme qui fait le mérite des cœurs bien nés. C'est qu'en effet il y avait plus de noblesse chez ces natures primitives que dans les fades manières des gens du monde, où l'étiquette cache souvent la plus ardente ambition et les vices les plus honteux.

Ces antiques familles qui ont disparu sous l'empire des passions du siècle et de l'égalité des droits patrimoniaux, sous la sape de l'égoïsme et des partages, sont toujours fières de leur passé. Pour former leurs blasons, elles ne vont pas additionner les noms des morts et asseoir leurs titres sur la poussière des tombeaux; elles les trouvent dans la noblesse de leur foi et de leur honneur.

Par intervalles, quelques membres se consacraient à l'état ecclésiastique et devenaient de zélés missionnaires. Ceux-ci puisaient avec le lait maternel ces vertus héroïques qui enfantent le sacrifice et le dévouement. Dès leur jeunesse, ils avaient appris à soulager les malheureux et à tendre une main secourable à toutes les misères de la société. En effet les souffrances et les misères de la vie donnent à l'âme une trempe plus solide que les plus belles théories des humanitaires.

Aujourd'hui encore ce sont les enfants sortis du village qui viennent peupler le plus souvent les séminaires, et nos montagnes en fournissent un assez grand nombre.

Ignorant le monde et nés dans une médiocre condition, ces adeptes apportent dans l'exercice du ministère la sévérité des mœurs qui distingue le nouveau clergé. Mais à cette élévation de sentiments s'allient parfois un esprit Jésuitique ou une curiosité avide de savoir tout ce qui se passe au foyer domestique.

Quelques cléricaux veulent que le prêtre, dans les campagnes, prenne part à toutes les affaires, parce que partout il y a des conseils à donner et des souffrances à soulager.

Mais n'est-il pas mieux à l'autel ou au confessional ? Là est sa place, la plus honorable ici bas : il ne gagne rien dans l'estime du monde à s'occuper d'intérêts mesquins et de nos débats civils, politiques, administratifs ou judiciaires.

Dans les petites localités, celui qui fait régulièrement ses pâques est toujours bien vu par les prêtres. Qu'il soit au fond un hypocrite ou un menteur, peu importe. Mais si vous ne fréquentez pas, hélas ! vous serez peut-être mis à l'index, bien que votre conscience vous avertisse que vous êtes plus honnête homme que votre voisin l'*Escobar*.

On entend dire que les curés s'enrichissent dans la paroisse de St-Bonnet, et que plusieurs ont mis en réserve quelques économies, produits de leurs quêtes ou du casuel. Il serait facile de discuter cette assertion qui nous paraît erronée, mais en admettant que la chose fût vraie et prouvée, a-t-on bien réfléchi à la situation précaire des pasteurs ?

Sans cette prévision de l'avenir, la plupart arriveraient à la vieillesse, incapables de service et dépourvus de tout moyen d'existence. Un grand nombre n'a pas de patrimoine; iront-ils donc dans la caducité mendier un asile à leurs parents, pauvres comme eux, ou se réfugier dans une maison de retraite ? En vérité ce reproche est bien peu raisonnable et par trop inhumain.

Aujourd'hui on critique tout, sans raison plausible, dans nos montagnes, et aux idées religieuses, les habitants, peu instruits, mêlent et confondent des idées fausses dont-il ne serait pas possible de les dissuader. Il y a même telles opinions absurdes qu'il serait imprudent de combattre.

Mais depuis nos révolutions politiques une autre révolution s'opère peu à peu et marche constamment vers un terme que l'esprit humain ne peut assigner. Nous la voyons s'accomplir de jour en jour dans la vie publique et privée, dans les mœurs, le langage, les sciences, le commerce et dans les institutions même fondamentales; elle tend à tout changer et à tout perfectionner, jusqu'aux formes essentielles du raisonnement, et par là, jusqu'à nos idées.

C'est l'objet habituel des entretiens sérieux et

le texte de je ne sais combien de livres nouveaux, des écrivains périodiques et de leur polémique bonne ou mauvaise.

Le contre coup de ce mouvement ne saurait tarder à se faire sentir dans les campagnes qui ont besoin d'une civilisation avancée. Mais ceux qui s'appliquent à ce genre d'études ne nous parlent le plus souvent que des classes élevées et instruites de la société et fort peu des habitants des montagnes.

Cependant le caractère particulier des gens de ces contrées peut être digne d'examen, et plus on s'éloigne des villes, plus il varie suivant la nature du sol et de la culture. Ainsi l'on distingue toujours l'infatigable montagnard forezien de l'habitant nonchalant de la plaine : L'un cherche la fortune et l'autre l'attend. Qu'il nous soit donc permis de citer l'opinion d'une personne honorable sur le caractère des habitants de notre canton.

« Ceux de Chatelneuf, dit-il, se distinguent
« par leur tranquillité et leur ardeur au travail ;
« ceux de St-Just, Jeansagnière et Palogneux sont
« actifs, mais trop processifs ; St-Georges et le
« Sail paraissent plus civilisés ; ceux de Sauvain
« sont intriguants, intéressés et économes ; ceux
« de Chalmazel, entreprenants et commerçants ;
« enfin les habitants de St-Bonnet-le-Courreau
« se font remarquer par leur bonhomie et leur
« probité. »

Si, dans cette dernière commune, les cultivateurs ne jouissent pas d'une grande fortune pécuniaire, ils ont, du moins, des propriétés étendues qui les obligent à un travail continuel, et il n'y a pas d'indigents, parce que l'on ignore le luxe et que l'on n'achète au commerce et à l'industrie que le strict nécessaire.

Il y a parmi eux une classe moyenne qui possède une certaine aisance, fruit de son travail. Cette classe fournit quelques sujets plus hardis qui cherchent à tenter la fortune dans les villes ; c'est du sein de ces familles que sortent des hommes de labeur qui vont chercher une condition qui les fasse vivre plus à l'aise, ou qui leur permette de ramasser un pécule destiné à solder quelques dettes de leurs parents. A Paris et ailleurs, ils obtiennent des emplois dans les places subalternes, et ils trouveront quelquefois une existence bien préférable à celle de leurs frères et sœurs.

En général, le paysan soupire après un bien-être qui l'affranchisse des rudes et ingrats travaux de la terre. Chacun apprécie l'avantage de l'instruction ; aussi les écoles sont-elles plus fréquentées, et il est peut-être à craindre qu'elles ne soient bientôt nuisibles à la culture. On s'aperçoit déjà que les bras manquent et que la jeunesse déserte les champs.

L'exemple de ceux qui parviennent excite les parents à faire des sacrifices pour avancer leurs enfants et les tirer de leur première et pénible condition. C'est cette demi instruction, plus nuisible que profitable à l'agriculture, qui fait surgir chaque jour des oracles de village.

« Pourtant un simple et bon laboureur
« Vaut bien mieux qu'un mauvais orateur. »

Avant la Révolution du dernier siècle, l'esprit général était un esprit de simplicité et de soumission, de respect universel pour toute autorité divine et humaine. Le malheur des temps a fait naître et a propagé des idées d'envie contre les riches propriétaires, idées d'émancipation, d'égalité et d'indépendance.

Auparavant, on ne connaissait pas les moyens de rendre la vie aisée, agréable et commode. Aujourd'hui l'exemple a fait naître quelques améliorations et amené le bien-être matériel ; l'aisance s'est accrue par le perfectionnement des connaissances économiques qui mettent à la portée de tous, les objets de première nécessité réservés naguère à la richesse seulement. On se loge plus convenablement; on se nourrit mieux; on s'habille avec plus de goût et de convenance, Plusieurs marchands, boulangers, tailleurs, etc., trouvent à s'occuper dans ce pays qui donnait à peine du travail à un seul homme dans chaque profession.

Ceci expliqué, nous n'entrerons point dans un détail fastidieux et circonstancié de tous les us et coutumes de cette commune, parce que notre intention est de tracer seulement quelques traits caractéristiques des mœurs de ses habitants. Les dimensions de cet opuscule sont trop étroites pour un ouvrage de cette étendue, et nous laissons à une plume plus exercée que la nôtre le soin de traiter les questions de moralité qui pourraient résulter d'une étude plus complète et plus approfondie.

PRODUITS

La commune de Saint-Bonnet-le-Courreau ne semble pas, d'après la description topographique que nous avons faite, devoir offrir de bien grandes ressources sous le rapport agricole ; cependant l'observateur qui explore attentivement son territoire, est agréablement surpris de la fertilité qui règne partout, même dans les lieux ou la végétation semble engourdie par les frimats et fatiguée par l'action des vents. Il en recherche les causes, et il les trouve facilement dans la suppression des droits féodaux et de la dîme, dans la division des propriétés et de la mise dans le commerce d'une masse de domaines autrefois affermés, et enfin dans une plus grande liberté, résultat naturel de nos institutions. Ces diverses causes ont donné plus d'essor aux entreprises des cultivateurs qui, aujourd'hui, travaillent tous pour eux-mêmes, car il n'y a pas dans cette localité de fermiers, à proprement parler. Ces motifs, disons-nous, ont activé et multiplié les travaux, doublé l'énergie et autorisé encore l'attachement excessif des agriculteurs pour des immeubles qu'ils arrosent chaque jour de leurs sueurs ; semblables en cela à une tendre mère qui a de la prédilection pour l'enfant qui lui a coûté le plus de sacrifices et de soins. C'est à l'œuvre, dit-on, que l'on connait l'ouvrier ; il ne s'agit que de jeter un coup d'œil investigateur sur les occupations journalières de cette population si pleine d'intérêt, pour demeurer convaincu que c'est à son activité et à son ardeur qu'elle est redevable de ses succès en agriculture.

Pour résumer notre pensée; nous pouvons affirmer que l'agriculture, dans ce pays, est la chose qui a fait le plus de progrès, et dire qu'elle est sortie enfin de l'ornière où elle croupissait depuis longtemps. Ainsi il n'est pas rare maintenant de voir des prairies artificielles et de magnifiques récoltes là où jadis le sol était inculte.

Les pommes de terre, qui offrent tant de ressources aux cultivateurs, sont semées en plus grande quantité, et réussissent souvent beaucoup mieux dans ces terrains que dans la plaine.

On sait tirer un parti avantageux des eaux pour fertiliser les prairies et créer des pâtures qui offrent un fourrage excellent aux bestiaux, l'une des richesses de nos contrées.

Les sociétés d'agriculture rendent bien, sous

divers rapports, des services importants pour l'élève des bestiaux, le perfectionnement des méthodes ; elles encouragent par des primes et des médailles les producteurs et les bons domestiques. Tout cela est bel et bon, mais l'on remarque que tous ces encouragements, ces primes et ces médailles sont presque toujours accordés à de riches propriétaires ou à leurs gens.

On spécule même sur le taux des récompenses, et plusieurs font métier d'engraisser des bestiaux pour les produire dans les concours.

Mais tandis que les mêmes noms reparaissent très souvent, le petit cultivateur intelligent qui dirige avec soin son petit patrimoine, qui, avec quelques ares de terrain, élève une nombreuse famille, passera inaperçu ; la prime qui lui reviendrait à juste titre va dans la poche de son voisin plus fortuné ou plus intriguant que lui.

Ainsi cette maxime absurde recevra toujours son application :

Aux riches les honneurs, aux gueux la besace.

Nous ne parlerons qu'en passant du reboisement, cette question vitale qui blesse les intérêts les plus chers de nos localités. Considéré en lui-même, c'est une chose excellente dans ses résultats, qui peut obvier à bien des inconvénients, mais il doit être exécuté selon les vœux et les besoins des populations et jamais autrement. Les défrichements et les coupes nombreuses qui ont eu lieu à diverses époques, surtout pendant l'ère révolutionnaire, ont fait disparaître des bois qui couvraient autrefois la croupe et le sommet de nos montagnes; aussi s'aperçoit-on depuis longtemps des funestes effets que ces opérations désastreuses ont causés. Les ruisseaux tarissent plus souvent; les terrains élevés, dépouillés des racines qui les soutenaient, sont fouillés par les pluies et les neiges; leurs parties végétales sont alors entraînées dans les bas fonds. Mais il ne s'en suit pas pour cela qu'il faille reboiser à outrance.

Une partie de la haute montagne est couverte de jasseries où séjournent de nombreux troupeaux qui paissent dans d'immenses pâturages. Reboiser ces montagnes, c'est opérer une expropriation sur une vaste échelle; c'est supprimer alors le commerce des fromages, *dits formes de Roche*, qui, avec la vente du blé et celle des bois, forment les trois produits pincipaux de la commune de Saint-Bonnet.

Depuis un demi-siècle, l'amour de la propriété a trompé bien des calculs, et des cultivateurs jouissant d'une certaine aisance, ont acheté des immeubles ou acquis les droits successifs de leurs auteurs, sans consulter leur bourse. S'ils eussent proportionné leurs acquisitions aux sommes dont ils pouvaient disposer, ils auraient pu trouver dans leur travail et dans leurs économies, les ressources nécessaires pour faire valoir leur propriété, mais presque toujours ces prix de ventes dépassent leurs forces pécuniaires. Ils paient comptant une faible partie du prix, et s'obligent à servir des intérêts pour le surplus. L'envie de tenir leurs engagements les force à retrancher les bras qu'ils employaient à leurs travaux ; le salaire des gens de service augmente et les échéances arrivent à marche forcée. Il faut recourir alors à l'emprunt, et malheur à celui qui tombe dans les griffes du prêteur citadin.

Tout cultivateur qui veut prospérer ne doit donc acheter qu'au fur et à mesure de ses avances et être toujours pourvu d'une somme suffisante, mise en réserve, pour parer aux divers accidents causés par les mauvaises saisons ou des évènements imprévus.

Le sol de ce territoire n'est point ingrat, mais il faut compter avec le ciel avant de compter sur lui.

Dans la partie basse de la commune il devient plus fertile : on y voit du chanvre, du froment et quantité d'arbres à fruits. Un climat plus doux y favorise une végétation plus riche et plus variée.

Un grand nombre d'habitants de la commune possèdent des vignes dans l'étendue des communes de Pralong, Marcoux et surtout dans celle de Marcilly-le-Pavé. Le vignoble de Résinet appartient, presque en entier, à nos propriétaires, et récompense généreusement ceux qui le cultivent avec intelligence et qui lui prodiguent les engrais nécessaires.

> « Voyageur égaré, dit M. ***, frappe sans
> « crainte à la porte du propriétaire de cette
> « commune ; là tu recevras l'hospitalité Ecos-
> « saise ; un bon feu réchauffera tes membres
> « engourdis par le froid ou la pluie ; une tran-
> « che de jambon fumé et un petit vin de Résinet
> « qui n'est pas sans mérite, te permettront de
> « continuer ta route. »

Aujourd'hui il serait à désirer que des chemins plus praticables et mieux entretenus permissent d'augmenter l'exploitation des bois, dans ces parages où les communications sont si difficiles pendant la mauvaise saison.

Depuis quelques années l'industrie essaye de s'implanter dans cette commune. Une carderie de laine fonctionne à Courreau et une fabrique de chocolat existe à Grandris, dans l'ancienne chapelle du château.

M. Gourbeyre, grâce à son activité et aux soins

apportés dans la manipulation de la matière première, a obtenu un brevet de la Duchesse d'Angoulême

Fait, dès le principe, avec la pierre et le rouleau, ce chocolat, qui jouit d'une certaine réputation bien méritée, est fabriqué aujourd'hui à la mécanique, mûe par une chûte d'eau. Les fils Gourbeyre, plus actifs et plus intelligents que leur prédécesseur, ont donné de l'extension à leur commerce et décuplé le nombre de leurs clients.

Ce chocolat, pur de tout mélange, est d'une couleur franche, lisse, brillant et compact; sa pâte est d'une homogénéité parfaite, son grain fin et uni. S'il fond moelleusement sur la langue, il se dissout aussi dans l'eau ou le lait sans laisser le moindre résidu; épaississant un peu par une longue cuisson, il ne formera jamais une pâte consistante ou gélatineuse comme les dissolutions concentrées des substances farineuses. Il réunit en un mot les précieuses qualités que l'on retrouve dans le bon chocolat. Or, que tout individu qui aura passé à travailler une portion notable du temps qu'on doit employer à dormir; que tout homme d'esprit qui sera tourmenté d'une idée triste et fixe qui lui ôtera la liberté de penser; que toute personne qui est poursuivie par l'insomnie; que tous ceux-là, disons-nous, prennent du chocolat de la Duchesse d'Angoulême : l'expérience sera la meilleure conseillère en pareille occasion.

Depuis bientôt un siècle, l'agriculture et l'industrie semblent appelées à une puissance d'expansion et de production toujours croissante et sans limites. Les révolutions ont passé sans les arrêter dans leur marche incessante. Mais si elles sont restées toujours florissantes, c'est qu'elles sont impérissables comme l'idée qu'elles représentent : l'amélioration de la condition de l'homme. En effet, l'étude continuelle, la recherche patiente des moyens les plus propres à améliorer le bien-être des classes les plus laborieuses, l'application continue de l'invention à tous les progrès qui peuvent produire la vie à bon marché : tout cela entre dans le domaine de l'industrie et de l'agriculture. Voici pourquoi les expositions chargées de glorifier le travail et d'accroître la richesse publique en stimulant la production dans ses sources les plus vives, ont été appelées à jouer un rôle si considérable. Elles ont une mission sociale et politique qui les signale comme un objet sérieux d'études et de méditations. Chaptal, célèbre chimiste et ministre de l'intérieur sous Napoléon 1er, conçut le premier l'idée d'une grande exposition de tous les produits agricoles et industriels, mais sous l'empire des préjugés de son temps, il fut obligé de la réduire à de simples proportions.

Il y a vingt-cinq ans seulement, un appel à tous les départements, pour ces grands concours, n'aurait pu être entendu. Alors les distances à franchir exigeaient trop de temps ; les relations étaient trop difficiles et les moyens de transport trop coûteux.

Mais la création de bonnes routes a changé la face des choses, et, depuis, chaque pays qui est pourvu d'une bonne vicinalité voit sa richesse, ses ressources et sa puissance s'accroître de jour en jour.

Aussi comprend-on aisément que nos montagnes, moins favorisées que la plaine sous ce rapport, ne jouissent pas d'un bien-être aussi grand qu'elles le méritent.

Mais sachons nous contenter et suivre cette sage maxime : Aide toi et le ciel t'aidera.

CULTE

—

Fidèles à la religion de leurs aïeux, les habitants de Saint-Bonnet, malgré l'apparition du protestantisme au milieu d'eux et les persécutions des révolutionnaires, ont toujours aimé et suivi la religion catholique. Doués d'une foi robuste, ils ne reconnurent dans tous les temps heureux ou malheureux que leur pasteur et leur église.

Les anciens monuments religieux ne sont bien étudiés et bien compris qu'à la condition de rappeler à ceux qui les visitent leur origine et leur histoire. Isolés dans un milieu qui n'est pas le leur ou qui a cessé de l'être, par suite de continuelles transformations, ils perdent souvent leur plus grand intérêt. La civilisation fait tant de place à l'air et au soleil, que les enchantements des anciens temples chrétiens se sont évanouis avec les ombres et les mystères qui les enveloppaient. Il faut donc, si nous voulons sentir un peu de chaleur dans ces pierres glacées et retrouver le mouvement sous les arceaux d'une église ancienne, que nous remontions aux jours pleins de sève religieuse, où les populations les animaient de leur vie, les réchauffaient de leur amour.

Alors l'église de Saint-Bonnet, dont le clocher parait remonter au XIIe siècle, pouvait bien être un couvent de religieux ou un prieuré.

Si l'on consulte une date gravée sur la pierre qui se trouve au-dessus du portail, on voit que cette église fut bâtie par les habitants de Courreau, au commencement du XVIe siècle. L'inscription est ainsi conçue :

CESTE EGLISE LAN MIL V ET VIIII
FVT EDITE·P·LE PEVPLE COVRAV

et doit-être lue ainsi : « Cette église, l'an 1509, fut éditée par le peuple de Courreau.

Le clocher a dû être bâti le premier et l'église, proprement dite, renversée, puis reconstruite à l'époque que nous venons d'indiquer. Quoi qu'il en soit, il est évident que le clocher appartient au style bysantin et le surplus de l'église au style gothique. Elle possède trois nefs, deux travées, deux portails et une abside. Les nervures de la voûte sont fortement accentuées et les piliers solidement construits et bien dessinés.

Ce n'est point du reste ce que l'on peut appeler un monument complet, classé; ce n'est point une église romane; ce n'est point, non plus, une église gothique; elle tient de l'un et de l'autre sans présenter un caractère bien défini. Elle n'a pas la grave et massive carrure, la ronde et large voûte, la majestueuse simplicité des édifices qui ont le plein cintre pour générateur. Elle n'est pas le produit magnifique, léger, efflorescent de l'ogive pure. Impossible de la ranger dans cette antique famille d'églises sombres, mystérieuses, toutes sacerdotales et symboliques, comme les catacombes chrétiennes; impossible aussi de la placer dans cette autre espèce d'églises aériennes, riches de vitraux et de sculptures, hardies d'attitudes, comme celles de la Renaissance.

L'ogive, en venant se placer sur les fenêtres de ce modeste temple de campagne, a dû trouver certainement ces ouvertures à plein cintre du clocher.

D'ailleurs, ce genre de construction que l'on retrouve dans les montagnes, est le mélange du roman au gothique, ou la transition de l'un à l'autre, et ces édifices ne sont pas moins curieux à étudier que ceux d'un style pur, nouveau ou ancien.

Si on envisage l'architecture chrétienne dans sa formation, on retrouve toujours trois styles bien distincts, le type roman, le type ogival et le type renaissance ; mais de nos jours on sait les mêler habilement pour en faire de magnifiques églises. La constitution essentielle du temple n'est point attaquée pour celà ; c'est toujours la même disposition logique des parties. La végétation a beau être multiforme et capricieuse, le tronc de l'arbre est toujours le même.

L'ancienne église de Sain-Bonnet était richement décorée, mais en 1562, ainsi que nous l'expliquerons dans un autre chapitre, les protestants, envoyés par le baron des Adrets, la dépouillèrent entièrement. Dans cette circonstance plusieurs croix furent mutilées, notamment celles de Chavanne et de Pramol. En 1814, elle fut profanée par des gens ivres qui en vinrent à des voies de fait, à l'occasion d'un baptême.

Au XVIIe siècle il existait dans le clocher cinq cloches. La première est la grande cloche sur laquelle on voit aujourd'hui cette légende et ce douzain mal rimé : (*)

(*) Elle a été fondue en 1738 par un sieur Feurot, et a coûté 300 livres en sus du métal fourni par la paroisse.

« *Cantate Domino in cimbalis, modulamini illi*
« *psalmum novum* IV Dith., cap. 16. »

« Messire Jean Démier, mon patron et mon ami,
« Me bénit et me nomma Bonnet et Barthélemy.
« Ce sont les deux patrons de cet auguste temple,
« Applique-toi lecteur à suivre leur exemple.
« Au service divin les fidèles j'appelle,
« Des naissances et des morts je suis porte-nouvelle.
« Contre les mauvais temps je défends la moisson,
« Et les exploits du roi j'annonce par mon son.
« J'aurais eu pour parrain de Girard de Grandris,
« Mais bien des contre-temps ne me l'ont pas permis.
« On connaît à mon son combien je le regrette
« Et combien je chéris Denis de Colombette.

« Messire Claude Forestier, vicaire.
« Jean Cognasse et Michel Spéry, marguillers. »

La seconde cloche pesait 6,600 livres et avait un son de bourdon d'orgue.

La troisième s'appelait Claire, du nom de sa marraine, en 1629. Cette pieuse fille mourut, dit-on, en odeur de sainteté et l'autel de Sainte-Claire fut dressé, à ses frais, en face des fonds baptismaux. Il n'existe plus aujourd'hui et se trouve remplacé par la chaire. On prétend que Claire Valézy fit fondre cette cloche et qu'au moment de placer le métal dans le creuset, elle y porta un plein tablier d'argenterie.

La quatrième s'appelait Riffe; son poids était

d'un millier environ et on s'en servait pour sonner l'*Angelus* et les messes.

La cinquième, du nom de Dindin, était d'une grande utilité pour les joyeux carillons.

L'accord harmonieux que produisait ces cloches, permettait aux sonneurs de suivre leur inspiration. Or, un jour de fête patronale, le pasteur de la paroisse fut obligé d'arrêter les élans de l'artiste qui, avec ses cloches, imitait parfaitement l'air d'une chanson trop profane et trop connue dans le pays.

Dans les campagnes, on a l'habitude de sonner pour prévenir l'orage. La science et l'expérience ont prouvé pourtant tout l'absurde de cette croyance invétérée dans l'esprit des paysans. A Saint-Bonnet, on avait organisé le mode de sonnerie et fait un règlement affiché au clocher. Chaque homme devait à tour de rôle s'empresser d'accourir, et faute d'obéir aux statuts on le remplaçait à ses frais. Cet état de choses a duré jusqu'à la révolution.

Hélas! époque fatale, les pauvres cloches ont sonné leur dernier glas le 24 décembre 1793.

Vers les derniers jours de ce mois, cinq hommes furent délégués, par les officiers municipaux, pour faire descendre ces cloches, conformément au décret du 23 juillet 1793, ordonnant qu'il ne serait laissé qu'une seule cloche à chaque paroisse.

Elles furent donc brisées en morceaux et transportées à Feurs, chef-lieu du tribunal révolutionnaire. Néanmoins, quelques fragments furent sauvés et employés dans la suite pour fondre la cloche qui, aujourd'hui, porte cette inscription :

« L'an 1812, j'ai eu pour parrain Jacques
« Couchaud, et pour marraine dame Jeanne
« Grandpierre; M. Trapeau, curé; R. Bouchet,
« vicaire; Monier, Dupuy, Charlat, Giraud,
« Forestier, fabriciens; Boëffe, maire; Rousset,
« adjoint; Dupuy, Perrin, Simon, Guillot, mem-
« bres du Conseil municipal; Dupuy, Geneyton,
« marguilliers. »

L'église fut profanée, pillée et dévastée le 28 janvier 1794. Les révolutionnaires envoyèrent de Montbrison un détachement de soldats qui arriva à Saint-Bonnet, vers les deux heures du soir. Ces furieux renversent les autels, les bancs, la chaire et les confessionnaux; ils s'emparent de l'argent contenu dans les troncs et des vases sacrés qu'on n'avait pas eu le temps de cacher. Après avoir réuni sur la place du Plâtre les livres de chant, les bancs, la chaire et les rideaux, ils y mirent le feu en criant : Vive la liberté ! A bas les calotins !

Satisfaits de leurs exploits, ces forcenés se dirigèrent sur Marcilly-le-Pavé. Un propriétaire de Saint-Bonnet qui avait habité Paris et qui connaissait l'officier qui commandait la compagnie, eut le courage de demander quelques ornements sacrés qu'il obtint et restitua plus tard à la fabrique.

Quelques personnes bien avisées cachèrent alors les statues qui ornaient l'église, mais on s'en empara et ces pieuses reliques servirent à jouer une indigne comédie. Les saints furent jugés et condamnés à être brûlés dans un four.

Les deux prêtres de la paroisse refusèrent de prêter le serment révolutionnaire et durent se mettre à l'abri des dénonciations qui avaient été déjà faites contre eux au district. Un détachement de la garde nationale de Montbrison monta à St-Bonnet, pour opérer des visites domiciliaires. N'ayant pas trouvé de prêtres, ces indignes représentants de l'ordre, pénétrèrent dans l'église, s'emparèrent de tout ce qui leur tomba sous la main et en firent un feu de joie dans le cimetière.

A cette époque on voyait derrière l'abside de l'église une petite terrasse ornée d'une allée d'aubépines. Les gardes nationaux foreziens en coupèrent un certain nombre, et il n'existe plus aujourd'hui que quelques uns de ces arbres plantés en 1759 par M. Dexmier.

La commune de Saint-Bonnet prit alors le nom de Mont-de-Courreau qu'elle conserva jusqu'en l'année 1800.

Au XIVe siècle, une chapelle et un cimetière se trouvaient au lieu du Mont, non loin du bourg. Cette petite construction fut détruite par un incendie. Au moment du partage des communaux, qui eut lieu le 9 octobre 1793, on y voyait encore des débris de murs et quelques ossements provenant des cadavres des pestiférés, ainsi que nous l'expliquerons dans la suite de cette narration.

Le presbytère actuel qui joignait le cimetière, il n'y a que quelques années, fut bâti, en 1775, par messire Dexmier, ainsi que le constate un état de dépenses approuvées par M. Gabiat, architecte. Cette maison comprenait, à cette époque, une cuisine, un cabinet au côté occidental, corridor, salle et chambre à l'aspect du levant, une petite écurie et des aisances au-devant d'icelle. Tombé en ruines, le mur oriental fut réédifié en 1838, et l'écurie reconstruite l'année suivante, un peu au-dessous de l'emplacement qu'elle occupait auparavant.

Deux prés, situés au-dessous de la maison curiale, appartenaient au pasteur de la paroisse. Ils furent vendus à M. Xavier Bavoux, brigadier des fermes du roi, à Saint-Bonnet, qui les céda au sieur Antoine Beynet, officier public.

Les bâtiments, le jardin et les dépendances du presbytère furent achetés ensuite par le sieur

Dupuy, de la Chaise-Truchard, qui fit cette acquisition pour la commune. Ces bâtiments servirent, pendant la Révolution, à la municipalité qui y établit le secrétariat et les archives, dans l'appartement au-dessus de la cuisine. La chambre au-dessus de la salle devint le siège du conseil, et le rez-de-chaussée servit de corps de garde et de prison, suivant les circonstances.

Le sieur Dupuy fut remboursé, dans la suite, au moyen de quêtes et de fondations dûes à la fabrique et à la cure.

Sur la place du Plâtre, on voit une croix de mission qui a laissé de beaux souvenirs dans la commune. À cette occasion, on organisa un corps de gardes-nationaux, composé d'infanterie et de cavalerie, destiné à maintenir le bon ordre, tant était grande l'affluence des fidèles venus de toutes les communes voisines.

Trop petite pour contenir toute la population, l'église va être prochainement agrandie. Deux projets, depuis longtemps étudiés, sont en présence. Le premier consiste à faire un prolongement du côté de l'Orient; le second du côté du Septentrion. L'un, qui paraît le plus économique, est celui de la municipalité; l'autre, celui des hommes de l'art. Le public attend avec impatience une décision et il faut espérer que nos diplomates trancheront bientôt cette fameuse question d'Orient!

On remarque dans le chœur un grand tableau d'une exécution détestable. Il représente une procession où le donateur figure un cierge à la main. En voyant ce visage naïf, on ne peut s'empêcher de dire qu'il a fallu ou beaucoup d'amour-propre, ou furieusement de bêtise pour faire un semblable don à une église paroissiale.

Cet individu se plaignit, en voyant son tableau, de ce qu'il n'était pas assez adoré, ce qui dans son langage et sa pensée signifiait que le cadre n'était pas assez doré.

Au bas de cette peinture, on lit : *E dono Jacobi Boibieu et sponsæ vico Courau 1835.* Ianini, peintre.

Le service intérieur de l'église se fait par des luminiers (de *lumen*, lumière) et des marguilliers. Deux sont sonneurs et les autres chargés de présenter le pain béni, de passer le bassin, etc. Ils devraient être payés par la fabrique, mais dans ce pays de routine, ils n'ont d'autres bénéfices que le produit de leur quête annuelle.

Indépendamment de celle faite dans les hameaux par le pasteur de la paroisse, une quête a aussi lieu chaque année pour la fabrique.

Toutes ces quêtes ne sont-elles pas absurdes,

et ces coutumes ne nous font-elles pas remonter au temps de la dîme et des corvées?

Une fabrique qui a des ressources suffisantes, comme celle de Saint-Bonnet, peut très bien pourvoir au service du culte sans aller, chaque année, quêter l'obole du pauvre et du riche.

La loi est formelle à cet égard et le décret de 1809 dit: « Que les charges des fabriques doivent « être de fournir aux frais du culte catholique. »

Chaque année on renouvelle le bail des bancs et des chaises. On remarque alors que celui qui a de la haine ou de la rancune contre un tiers profite de cette occasion pour la satisfaire.

Les places sont poussées à outrance, et l'amour-propre n'est satisfait que lorsque l'adjudicataire vindicatif reste maître du champ de bataille.

Ne vaudrait-il pas mieux, pour éviter tout scandale, placer seulement des chaises et établir une location unique et régulière comme dans les villes? Cette sage mesure permettrait à chacun, moyennant quelques centimes, de se placer où bon lui semblerait. Au reste le placement des chaises et des bancs dans les églises appartient seul au desservant, dont les décisions peuvent être déférées à l'évêque, suivant les termes de l'article 30 du décret de 1809.

Le plus ancien curé de cette paroisse fut messire Thomas Thivet, de Courreau, en 1501.

Vint ensuite messire Michel Plagneux, qui occupa ce poste depuis 1575 jusqu'en 1592. Né à Courreau, en 1522, il devint titulaire de la prébende des Plagneux, en la commune de Chandieu, et de celle des Nermond, en celle de St-Bonnet. Il posséda, ainsi que sa famille, des biens considérables et fit bâtir la chapelle de Courreau.

Pierre Durand, curé, en 1630;

Blaise Bonnefois, en 1649;

Dupuy, natif de Saint-Bonnet, en 1680;

Jacquet, en 1690.

Jean Dexmier, en 1730, fils de M. Dexmier, notaire, naquit à Sauvain le 7 décembre 1705. Docteur en théologie et archiprêtre, il resta sept ans attaché à l'archevêché en qualité de secrétaire et fut nommé ensuite curé à Saint-Bonnet, où il resta pendant quarante-trois ans;

Jean-Marie Chazal, en 1779;

M. Trapeau, en 1783 jusqu'au 6 juillet 1814. A l'époque de la grande révolution, il y eut un certain curé Basset, l'un de ces desservants assermentés qui ne firent heureusement que paraître dans les communes. Il existe à la date de 1799 un acte de mariage qui seul décèle la présence de cet usurpateur.

Cet acte est ainsi conçu : « Ont comparu : A. G.

« et B. L., lesquels nous ont exposé qu'ayant eu
« le malheur de se présenter en 1793 devant
« Blaise Basset, prêtre intrus de cette paroisse,
« pour recevoir la bénédiction nuptiale, mais
« ayant compris le mal, nous ont requis de leur
« impartir à nouveau le sacrement de mariage.
« Signé Trapeau. »

Au décès de M. Trapeau, M. Robert Bouchet, vicaire de la paroisse, fut nommé curé, fonctions qu'il exerça pendant quarante ans. Ce digne et noble pasteur a laissé des souvenirs impérissables dans cette commune, et l'on s'entretient encore de ce saint homme qui, comme le sage, a passé sur la terre en faisant le bien toute sa vie. Si les seules vertus évangéliques sont un titre pour la postérité, personne n'y a autant de droit que ce respectable prêtre, modèle des pasteurs de nos montagnes.

Né à Montbrison, d'une famille honnorable, M. Bouchet fit ses études au collége des Oratoriens de Montbrison, et ensuite au séminaire de Lyon. La révolution trouva le jeune séminariste dans cette dernière ville et le contraignit de passer en Suisse pour y recevoir les ordres sacrés. Vers la fin de 1794, il vint à Saint-Bonnet. Quoique poursuivi à outrance par les révolutionnaires, ce bon pasteur n'abandonna pas son troupeau et resta dans la commune, se cachant nuit et jour, pour administrer aux pauvres habitants les secours spirituels. Après le concordat, il rentra dans son presbytère, qu'il trouva aussi dénudé que l'église. Semblable à un pauvre missionnaire, il lui fallut alors tout créer et tout réorganiser à ses frais. En 1818, il fonde une maison d'école dirigée par les sœurs de l'ordre de Saint-Joseph. Cette communauté, autorisée par ordonnance royale du 30 juillet 1828, inscrite au *Bulletin des Lois* sous le n° 245, rendit alors de très grands services à la jeunesse. Dans cette occasion, M. Bouchet dépensa ses économies pour faciliter l'achat des bâtiments et du mobilier. L'ancienne maison Forestier, possédée depuis deux cents ans par la famille qui porta ce nom, devint une maison d'école pour les petits garçons et les petites filles. Elle fut acquise par M. Bouchet et dix principaux habitants. Le prix fut remboursé, dit-on, au moyen de la dot que chaque sœur apporta dans cette maison d'édu_cation.

Dire les bienfaits que M. Bouchet a répandu dans la commune serait chose impossible, et l'épitaphe qui est gravée sur sa tombe est le plus bel éloge que l'on puisse faire de la vie de ce saint vieillard. Nous la devons à M. Pierre Gras son neveu, ce poète montbrisonnais dont l'esprit égale la verve intarissable. En voici l'extrait littéral que l'on peut lire à côté du portail de l'église :

Saintement pénétré de son haut ministère,
Il a tout méprisé, le monde et ses honneurs ;
De sa paroisse il fut le conseil et le père,
Pleurez pauvres surtout, sa gloire est dans vos pleurs.

Après M. Bouchet, nous retrouvons M. Favier et ensuite M. Bourge, deux noms très obscurs et bientôt oubliés à juste titre.

M. Breuil, qui succéda à ce dernier, continua l'œuvre de régénération et d'organisation si bien commencée par M. Bouchet. D'une activité et d'un zèle infatigables, M. Breuil entreprit et termina la construction d'une maison d'école pour les petites filles.

Non content d'encourager ses ouailles, on le vit, très souvent, prêcher d'exemple, mettre la main à l'œuvre et diriger des travaux pénibles et fatigants. Son énergie et sa volonté de fer lui firent surmonter bien des obstacles et, grâce à lui, on vit s'élever un édifice commode et spacieux, qui serait peut-être encore aujourd'hui à l'état de projet.

Après celui-ci vint M. Garnier. La modestie de ce pasteur habile et prudent serait sans doute froissée de l'éloge que nous pourrions faire de sa capacité et de ses humbles vertus. Ses sages conseils n'ont pas toujours été suivis dans cette paroisse, où l'opposition qu'il rencontra au sein du conseil de fabrique, l'empêcha de réaliser toutes les réformes qu'il désirait.

Doué d'un excellent jugement, il comprit, dès le principe, que toute discussion était inutile, et il n'eut qu'un tort : celui d'avoir raison le plus souvent. Son départ inattendu a été sincèrement regretté par les personnes impartiales qui ont su apprécier cet ecclésiastique : la commune perd en lui un bon prêtre qui vivait malheureusement trop retiré dans son presbytère.

Espérons dans l'avenir.

Un desservant disait un jour à un magistrat : Quelle serait donc, à votre sens, la meilleure manière de diriger une paroisse, pour tâcher de contenter tout le monde?

Celui auquel s'adressait cette question répartit aussitôt : la demande que vous me faites, trouve sa réponse dans le livre intitulé *Le Maudit*, et la voici textuellement : je l'abandonne à vos réflexions.

« Vous me demandez, monseigneur (écrivait
« Julio à l'évêque de ***), comment je m'y suis
« pris pour faire de ma paroisse un peuple sérieu-
« sement chrétien. Vous voulez connaître ma
« méthode : elle est bien simple. J'ai pris littéra-
« lement le contre-pied de ce que font certains
« prêtres des campagnes.

« Leur première maxime est celle-ci : « Qu'il
« faut parler aux sens du peuple. » La mienne a
« été : « Il faut lui parler raison. »

« Leur seconde maxime est : « Qu'il faut prêcher
« les pratiques de dévotion. » La mienne a été :
« Qu'il faut prêcher une chose unique, *le devoir.*

« Au lieu de l'idée judaïque : *Pavete ad sanc-*
« *tuarium meum*, j'ai enseigné à mes paroissiens
« que le cœur de chacun d'eux est le vrai sanc-
« tuaire de Dieu; que l'église matérielle n'est
« qu'une maison commune qui abrite chaque
« fidèle. Ils n'ont pas tardé à comprendre que la
« religion ne doit pas être confondue avec cet
« entassement de choses du culte qui ne frappent
« que les sens.

« Je les ai intéressés en leur racontant les
« grandes choses de leurs pères dans la foi. Ils
« en sont fiers comme des hommes auxquels on
« montre leurs titres de noblesse.

« Je ne leur prêche que le vieux catéchisme de
« Moïse rééidité par le Christ : « Aimez Dieu,
« aimez-vous les uns les autres. » Tous sont assis
« dans l'église; il y règne les deux grandes cho-
« ses de la vie commune, la décence et la liberté.
« On s'y plaît, on s'y retrouve.

« J'ai fait choix de quelques cantiques simples
« et non ridicules. Vous pensez bien que dans
« ceux-ci *on ne se meurt pas de regret de ne*
« *pouvoir mourir*, et que le cœur de mes jeunes
« paroissiens *ne se consume pas en désir et ne*
« *s'exhale pas en soupirs.*

« En un mot, j'ai voulu résoudre ce problème:
« le christianisme mis en rapport avec l'homme
« de notre temps. J'ai réussi chez des êtres sim-
« ples et droits; on peut réussir partout.

« Mon grand levier, le voici :
« Il fallait se faire accepter chaudement de la
« génération nouvelle. Les vieillards s'éteignent
« chaque année, comme les feuilles tombent à
« l'automne. Ils emportent leurs préjugés, leurs
« ignorances, leurs routines. L'avenir religieux
« n'est pas là. Il n'est pas non plus, comme on
« le croit vulgairement, dans un petit groupe de
« filles pieuses. Ces demi-nonnes comprennent
« mal la religion, et l'idée fausse qu'elles en
« donnent au peuple n'est propre qu'à l'en
« dégoûter.

« Tout l'avenir d'une paroisse est dans la jeu-
« nesse, dans les jeunes hommes à marier ou
« mariés depuis peu. Voilà ma base d'opération.

« Ce sont ceux-là que j'ai dû grouper fortement,
« après les avoir attirés à moi, sans aucun des
« moyens factices qui galvanisent quelques ins-
« tants la jeunesse et la laissent ensuite à ses lut-
« tes, à ses dégoûts.

« J'ai prêché souvent sur la grande question
« du mariage. J'ai dit tout haut qu'il faut marier
« la jeunesse de bonne heure. Je me suis fait le
« patron de ceux qui aiment. J'ai réhabilité l'a-
« mour, dont les stupides font un péché et dont
« Dieu a fait le grand levier de l'âme.

« Pour sauver l'homme des passions qui dé-
« gradent, favorisez en lui les nobles passions.

« Ce sont de singuliers moralistes que vos bons
« curés. Ils veulent faire du cœur de l'homme,
« ce foyer que Dieu a fait incandescent, une table
« de marbre glacée et polie. Ils voudraient tant
« que cette surface ne fût pas ternie par le souffle
« d'un péché véniel ! Cette théorie charmante
« chez les anges et à laquelle les bonnes gens,
« parce qu'ils sont hommes, ont eux-mêmes les
« premiers le soin de ne pas conformer leur vie,
« n'est pas praticable. On sue sang et eau dans
« les maisons religeuses, en plein ascétisme,
« pour réduire toute âme, consacrée par des
« vœux, au *tanquam cadaver*, et l'on n'y réussit

« pas. Comment appliquer cette méthode aux
« âmes qui vivent librement dans le monde ?

« Ceux qui ont touché aux réalités de toutes
« choses se trouvent réduits à envier les illusions,
« et la Providence qui veille sur les besoins ma-
« tériels de l'humanité, pourrait-elle ne pas faire
« entrer dans le plan de ses vigilances le perfec-
« tionnement religieux et moral ? Le progrès ne
« serait-il indéfiniment dans le monde qu'une
« accumulation de procédés matériels amenant
« le bien-être, et Dieu condamnerait-il le monde,
« renouvelé par les prodiges de l'industrie et des
« arts, à se traîner dans un scepticisme désolant
« ou à se prolonger dans les stériles fadeurs du
« mysticisme ?

« Voilà le procédé actuel. On jette l'homme
« tout enveloppé de langes dans un sépulcre : le
« malheureux s'agite, se drape dans son suaire,
« regagne sa maison et déclare qu'il en a assez.
« Son expérience est faite.

« Moi j'ai pris l'homme : je lui ai crié : *Veni*
« *foras !* De l'air, de la vie, de la liberté, de l'a-
« mour sous l'œil de Dieu, en obéissant à ses lois
« et en développant, sous son souffle tout-puis-
« sant de providence et de grâce, les forces mer-
« veilleuses dont-il nous a doués ! » etc. etc......

Cette théorie peut être fausse et mauvaise, aux yeux de certains théologiens, mais elle a, du moins, le mérite d'offrir l'apparence de la vérité et du bon sens.

Si non è vero, è ben trovato !

FAITS PRINCIPAUX

Si l'on consulte les Pouillés du diocèse, on trouve que la paroisse de St-Bonnet s'appelait au XIIe siècle : St-Bonnet-de-Carreuz; au XIIIe : de Cadelle; au XIVe: de Quareuz; au XVe: de Gadrellis; au XVIe : de Quadrellis; au XVIIe : de Courou ou Coureau ; à l'époque de la République: Mont de Courreau *(de Quercus chêne).*

La commune de Saint-Bonnet-le-Courreau est ainsi appelée, aujourd'hui, du nom de son patron et de celui d'un village.

L'histoire rapporte que Saint-Bonnet, grand pannetier de France, succéda à St-Avit, évêque de Clermont. Etant allé faire un voyage à Rome il fut assailli par les douleurs de la goutte qui le contraignirent de rentrer à Lyon, où il mourut le 15 janvier de l'an 709. L'évêque de cette ville voulait garder les reliques de ce saint personnage et refusa d'abord de les rendre au clergé de Clermont. Ce ne fut que trois ans après que Foulque ou

Foucaud, quarante-troisième archevêque de Lyon, accorda, à la sollicitation de Proculus II, successeur de Saint-Bonnet, les restes de ce saint prélat, à sa ville épiscopale.

> « Le corps fut emporté processionnellement,
> « dit de Lamure, et comme de Lyon jusqu'en
> « Auvergne il y a plusieurs églises du nom de
> « cet illustre patron, la tradition est, qu'elles
> « désignent les stations où on arrêta ces reli-
> « ques, au temps de leur passage. »

Cette tradition ne saurait être admise pour notre commune, car il est avéré et il est plus que certain que le transfert de ces reliques eut lieu par Saint-Étienne, Montbrison et Thiers, ou plutôt par Feurs et Boën. La difficulté des chemins impraticables eut empêché certainement de passer la montagne de Saint-Bonnet-le-Courreau.

Cette commune était désignée jadis comme bourg et grande paroisse dans le Forez, archiprêtée, élection et baillage de Montbrison, de la châtellenie de Marcilly-le-Chastel. Le Forez ayant été réuni à la couronne, cette commune fut soumise à la juridiction des châtelains de Chatelneuf. Cette châtellenie comprenait les paroisses de St-Bonnet, Essertine, Chatelneuf, Lérigneux, Roche et, en 1316, une partie de celle de Saint-Georges.

La justice s'exerça à Chatelneuf jusqu'en 1771, époque où un édit réunit cette châtellenie et celle de Marcilly à Montbrison. Elle fut engagée à maître Philippe Hyppolite, procureur du roi en 1543, et consistait alors en un château en ruines et une forêt appelée de l'Oule et le bois du Char, dépendant de la commune de Saint-Bonnet.

Les derniers seigneurs justiciers de Chatelneuf furent les sieurs de Magneux et Thoinet de Péno, et les officiers dont on retrouve les noms furent M.es Salle, avocat, juge châtelain ; Franchet, procureur fiscal ; Bourboulon et Gaulne, procureurs ; Bernard, greffier.

Avant l'ouverture des Etats généraux, la commune de Saint-Bonnet fut administrée par ses consuls, qui assistaient un subdélégué chargé de la répartition et de la confection des rôles dont ils avaient à faire le recouvrement. Au nombre de ceux qui remplirent ces fonctions, on distingue dans des actes de 1767, 1772 et 1782, les noms de Jean-Marie Dupuy, Pierre Giraud, Jean Charlat, Derivod et Simon.

Les impôts ordinaires dépassaient, en 1724, la somme de dix mille livres, et en 1767 ils atteinrent le chiffre énorme, pour ce temps là, de seize mille livres. Les autres charges que supportaient les habitants, indépendamment de la dîme, étaient le cens, le servis, le retrait censuel, etc. Je n'expliquerai point la nature de ces droits que Sonyer Dulac nous fait connaître et qui sont tous plus absurdes ou plus onéreux les uns que les autres. Les fiefs qui formaient une espèce de propriété régie par des lois particulières étaient autrefois possédés uniquement par la noblesse, mais par la suite un grand nombre d'entr'eux passa dans les mains de la bourgeoisie. En l'absence des grands intérêts territoriaux, on ne voyait dans la noblesse qu'une prétention de suprématie placée par les anoblissements trop près des vanités bourgeoises pour ne pas les blesser, ou le désir d'obtenir des priviléges lucratifs qui n'étaient point justifiés par des motifs d'utilité générale.

La majeure partie de la dîme appartint, dans la commune de Saint-Bonnet, au curé, et les redevances féodales furent payées à l'abbaye de la Bénissons-Dieu; au marquis de Chalmazel; au chapitre de Montbrison; à la Prébende des Nermonds; au chapitre de Saint-Just de Lyon; à messire Du Verdier, seigneur de Valprivas; au séminaire de Saint-Irénée; au prieur de Champdieu; à la Prébende Salveta de Sauvain; à messire Papon Montmard de Gouttelas; au marquis de Couzan; aux seigneurs de Grandris; au prieur de Marcilly; au couvent de Leigneux; au prieur de Savigneux; au fief du Chevalard; au couvent de la Chaize-Dieu; au chapitre de Saint-Rambert-en-Forez; à la Commanderie de Montbrison; aux religieux de Chorsin; à l'abbaye de Bonlieu; à messires Punctis de la Tour de Boën et Chaland de Montverdun, etc.

Nous retrouvons encore différents actes indiquant le nom des villages qui devaient supporter ces redevances.

A Bucherolles, diverses rentes nobles étaient dues à Mme la prieure de Saint-Thomas-la-Garde, au prieuré du Sail, à la Prébende de Saint-Martin-de-Roche et au Chevalard. Deux domaines considérables appartinrent longtemps aux seigneurs Des Breux de Chabanolles. Les habitants de ce hameau lui payaient des cens et servis, indépendamment de dime due au curé de la paroisse.

A Bourchanin, deux fiefs furent la propriété de maître Chazal, juge châtelain, qui habitait alternativement la Maurandin et Montbrison. Ce modeste et simple habitant de la commune parvint à la dignité de capitaine et juge de la châtellenie de Marcilly et exerça ces fonctions avec une habileté rare que l'on n'aurait jamais soupçonnée chez le fils d'un simple cultivateur. Après lui ces fiefs passèrent à la famille Lachaize-Chamarel. Les habitants de ce village payaient la dîme au curé de Saint-Bonnet, des cens et servis à M⁰ Chazal et au prieuré de Champdieu, ainsi qu'il résulte d'un acte de reconnaissance de 1521, et au couvent de Leigneux, suivant les termes d'un terrier signé Beauvoir, notaire, en date du 17 avril 1559.

En 1347, noble Guyot de Bourchanin prêta foi et hommage au comte du Forez. — En 1370, noble P. de Rougeville, seigneur de Bourchanin, consentit un acte d'abénevis à Jean Chier, de Saint-Just-en-Bas. En 1372, Emonette de Bourchanin, damoiselle, fille de feu noble Pierre de Rougeville, prêta foi et hommage pour son fief de Bourchanin (*).

Il appert de ces trois titres que ce village donna son nom à une famille chevaleresque du XIV⁰ siècle.

A la Chaize, les redevances étaient dues à messire Papon de Gouttelas, seigneur de Marcoux, possesseur de la rente noble de Pralong. Ce hameau acquitta des cens et servis à messire de la Chaize jusqu'en 1790. Un sieur Truchard, dont le fils fut bas officier de justice, acquit un domaine important dans ce village, dont une partie prit le nom de la Chaize-Truchard. Les familles Lachaize et Truchard étaient très anciennes et nous retrou-

(*) Noms féodaux. — Archives de la Loire.

vons plusieurs actes de foi et hommage rendus par quelques-uns de ses membres au XV° siècle. Ainsi, le 22 juin 1441, Georges Faure de la Chaize rend foi et hommage pour son fief, comprenant ses maisons, cellier, grange, jardin et terres sis audit lieu. En 1459, Antoine, fils de Georges, agit de même. En 1444, Pierre de la Chaize et Jean de la Chaize-Truchard avaient rendu foi et hommage au comte de Forez pour leurs fiefs respectifs (*).

A Chamarelle, c'est encore la dîme qui est due au curé, et la rente noble à MM. Chazal et Du Verdier de Valprivas.

Au Chomey, elle est perçue par le seigneur de Grandris.

A Chavannes, les redevances féodales étaient dues à messire de Rivoire et au prieur de Saint-Romain-le-Puy, suivant terriers de 1491, signés Antoine Patural, notaire. Celles de la Goutte étaient payées au couvent de Leigneux et au seigneur Des Périchons, suivant reconnaissance du 17 avril 1559.

Les habitants de Loibe acquittaient, outre les contributions ordinaires, des redevances à la Com-

(*) Archives de la Loire.

manderie de Montbrison et la dime conjointement au curé et aux seigneurs de Grandris. Avant 1790, il existait dans cette petite localité un four banal que les prieurs de la Commanderie affermaient chaque année.

La terre du Marais était mouvante de la directe seigneurie de Grandris qui percevait la rente noble. Dans un terrier de 1340 et dans les titres primordiaux de la forêt du Champ-de-la-Clef, datés de 1431 et 1432, on retrouve les noms de Pierre Lachaux et de Thomas Lachal, habitants de quelques constructions situées non loin de ce lieu.

Le village des Massons ne relevait d'aucun fief et appartint à divers gentilshommes qui habitèrent la maison de maître que l'on voyait avant la révolution. Les derniers propriétaires furent, en 1784, Jérome Dujast, seigneur de Cognère, puis de La Mure et de Viry.

Le mas de Mournand fut ainsi appelé du nom du premier habitant qui y fit bâtir un petit castel en 1439. Ceux qui se fixèrent ensuite autour de ce fief, payèrent des redevances féodales à messire Punctis de la Tour et au couvent de Leigneux.

Le hameau de Monate, qui devait la dime au seigneur de Grandris, fut le séjour habituel du notaire qui porta ce nom. La chronique rapporte que ce praticien, qui vivait au XVI° siècle, posséda la totalité de ce fief. Il fut le notaire le plus instruit de la province et exerça tout à la fois à Montbrison et à Saint-Bonnet.

Le village de La Mure, si éloigné du bourg, payait quelques redevances au seigneur de Marcoux, aux religieux de la Bénissons-Dieu, au marquis de Chalmazel et à Sa Majesté le roi de France la rente noble.

Aux Mures-Hautes, il existait jadis une maison de plaisance pourvue d'une chapelle qui appartint à la famille Thoinet de Peno et ensuite à celles de Challaye et de Ramey de Sugny. Ces bâtiments étaient placés près de la source, dite Fontaine-du-Diable, à l'angle du chemin des Mures-Hautes.

Aux Nermonds on payait une rente aux prieurs de Champdieu et de Savigneux, et aux Paley, que l'on nommait autrefois le Bouchet, les redevances étaient dues au seigneur de Valprivas.

Un terrier de 1521, signé Renevier et Pons, nous apprend que les Passots acquittaient quelques redevances au séminaire de Saint-Iréné.

Le village de Planchas paya des rentes et acquitta des cens et servis à la Prébende de Salveta de Sauvain et la dîme au curé de la paroisse, suivant une reconnaissance d'un sieur André Guillot. En 1395, Marguerite, veuve de Mathieu Bonnevie, fit hommage au comte du Forez pour sa maison de Montagnac et le maz de Planchas.

On prétend qu'au village de la Roffin, un religieux fit bâtir une chapelle, mais la vérité est qu'elle fut élevée par Jean Chazal, capitaine châtelain de Marcilly, natif de ce village. La croix en pierre qui surmontait le fronton de cet édifice est actuellement au milieu du cimetière. Elle porte au bas cette inscription : « Jean Chazal, 1650. »

La chapelle de la Roffin ayant été détruite, on transporta son bénitier près de la porte occidentale de l'église communale.

Le domaine et la chapelle ont appartenu à M. Pierre de la Plagne et à Mme Amélie Dubouchet qui abandonnèrent à la commune les ruines du petit oratoire. La croix dont nous avons parlé resta longtemps sur la place du Terreau et fut transportée ensuite dans le cimetière actuel. Sur le piédestal est gravée cette légende : Don par M. P. Delaplagne et M. A. Dubouchet, 1819.

Le fief de la Roffin faisait autrefois partie de la commune de Saint-Georges. Après avoir été la propriété de noble Chapuis de Malcombe, écuyer à Montbrison, vers l'an 1766, le territoire de la Roffin fut réuni à la commune de Saint-Bonnet.

Au Roure, les cultivateurs payaient diverses

redevances, savoir : aux sires de Couzan, à l'abbaye de Bonlieu, aux seigneurs de Grandris et une rente au prieuré de Saint-Rambert-en-Forez.

A la Thynésie, on distinguait une propriété importante qui resta dans la famille Chantemerle jusqu'en 1815.

Trécisse soldait aussi des rentes aux seigneurs de Grandris et deux domaines considérables restèrent longtemps la propriété de messire Denis Des Périchons, capitaine de dragons au régiment de Penthièvre, par suite de son alliance avec une demoiselle de Vaugirard, héritière du fief de Grandris. Ces biens furent vendus en 1807.

Au moment de la révolution de 89, vivait à Trécisse le sieur Jean Arnaud, porteur de chaises de la reine Marie Antoinette. Ce digne homme, dont nous reparlerons dans un chapitre spécial, obtint de nombreux priviléges pour lui et ses enfants. Pendant longtemps il fut syndic de la paroisse et fut nommé maire lors du décret d'organisation du 14 décembre 1789, mais son grand âge et ses infirmités ne lui permirent pas d'exercer bien longtemps ces fonctions.

Près du village d'Essende, on trouvait jadis le petit hameau du Patural, habité par N. Pastural, ancien capitaine des armées du roi au XVe siècle. L'un de ses fils exerça pendant près de trente ans la profession de notaire public et de commissaire à terriers.

A Trémollin, existait au XVIIe siècle une petite chapelle, au côté nord-est du village, et un cimetière dont l'origine remonte à l'époque de la peste. Messire Jean-Louis de Montmain, prêtre recteur de l'hôpital de Champdieu, afferma la dîme qui lui était due chaque année. François Du Rosier de Magneux, chevalier, seigneur de Magneux-le-Gabion, co-seigneur des châtellenies de Montbrison, Chatelneuf et Marcilly, accorda le 15 mai 1774, aux cultivateurs de Trémollin, un abénévis de prise d'eau pour les trois moulins qu'il possédait dans la goutte de la Gueuse.

Aubigneu était un fief dépendant du Chevalard. M. le marquis de Chabannes-Curton le vendit en 1768 à noble Antoine Souchon, conseiller du roi. Nous avons sous les yeux un commandement signifié la même année à Jean Epinat, habitant ce village, d'avoir à payer les cens qu'il devait à noble Antoine Souchon, seigneur du Chevalard et d'Aubigneu, en raison de sa seigneurie. Le nom d'Aubigneu fut l'apanage d'une branche de cette honorable famille, aujourd'hui dignement représentée à Moulins, tandis que la branche du Chevalard, restée fidèle au sol natal, habite encore

Montbrison, où elle jouit d'une considération justement acquise.

Voici la généalogie de cette maison, dressée sur les actes originaux :

I. Noble André Souchon, conseiller du roi, appartenait à une fort ancienne famille de Chorges (Hautes-Alpes), fixée à Boën, à la fin du XVI° siècle ;

Il épousa D^{lle} Marie Valla, dont il eût :

1° Antoine, né le 16 avril 1664, qui suit ;

2° Marie, mariée : 1° A M. Claude-Louis Barrieu ; 2° à M. Claude Plumet.

II. Noble Antoine Souchon, conseiller du roi, maire perpétuel de Boën, épousa en 1696 D^{lle} Louise Michon :

1° Gilbert qui suit ;

2° Noble Antoine Souchon, avocat en parlement, greffier au bailliage, épousa en premières noces, en 1737, dame Pierrette-Raynaud de Clairville ; puis en deuxièmes noces, en 1743, D^{lle} Marie-Anne Girardon. Il eût entr'autres enfants :

A. Gilbert, 1744 ;

B. Claude Marie, 1745;

C. Claude-François Marie, 1746;

D. Jean-Marie Souchon, 1747-1802;

E. Marie, 1750, mariée à M. Pierre-Avit Chazelles, aïeul de M. Chazelles, notaire à Montbrison;

F. M. Jean-Antoine Souchon, 1751-1801, juge au tribunal de Montbrison, marié à Mlle Bouvier;

3° Messire Claude Souchon, prêtre sociétaire de Boën, prieur de St-Nicolas-de-Laye, en 1740.

III. Noble Gilbert Souchon, 1702-1782, avocat en parlement, conseiller du roi, épousa en 1730 D^{lle} Claudine Devaux :

1° Antoine, né en 1732, qui suit;

2° Noble Claude Souchon de Lizérieux, un des volontaires Montbrisonnais tués au siége de Lyon;

3° Messire François Souchon, curé de Marcilly, en 1770;

4° Agathe, mariée en 1771 au baron Jean-Philippe de Leyssac;

5° Claudine.

IV. Noble Antoine Souchon du Chevalard de Jullieu, conseiller du roi aux domaine, bailliage et sénéchaussée de Forez, seigneur haut justicier du Chevalard, de Jullieu, Aubigneu, Ville-Dieu, Saint-Etienne-le-Molard, les Peuples, le Genetoux, épousa D^{lle} Pierrette-Marguerite Chassain des Crevants, morte en 1778, laissant une nombreuse postérité :

1° Noble Gilbert-Jean Souchon du Chevalard et de Jullieu, conseiller du roi, seigneur du Chevalard, Aubigneu, etc., l'un des volontaires Montbrisonnais au siége de Lyon, fut guillotiné le 24 ventôse an XI; il ne laissa pas d'enfants;

2° Jean-Claude Benoît, qui suit :

3° Hubert, dont l'article viendra ci-après;

4° Claudine-Antoinette, mariée en 1781, à Jean-François Le Forestier, comte de Villeneuve;

— 77 —

5° Agathe Claudine, mariée à M. B. Sauvade du Perret, écuyer;

6° Noble Jean-Baptiste-Anne Souchon des Gouttes, épousa en 1798 D^{lle} Anne-Victoire Chabot, sans postérité;

7° Noble Gilbert Souchon de Villedieu, né en 1776, mort à Marseille en 1789;

8° Claudine, 1770-1773;

9° Marguerite-Catherine, 1765;

10° Marie-Thérèse, 1773-1803;

V. Noble Jean-Claude-Benoit Souchon d'Aubigneu, 1766-1850, chevalier de la Légion-d'Honneur, maire de Saint-Pourçain (Allier), épousa en 1798 D^{lle} Charlotte-Emilie de Louan de Persat, d'où :

1° M. Jean-Antoine Louis, qui suit;

2° Mlle Anne-Marie Elisabeth.

VI. M. Jean-Antoine-Louis Souchon d'Aubigneu, 1800-1849, épousa en 1827 Mlle Claudine-Alix Mozac de Lamonnerie. Leurs enfants sont :

1° Jean-Claude-Louis Arthur, qui suit :

2° Mlle Anne-Marie Louise, mariée à M. François-Antoine-Richard de Lisle.

VII. M. Jean-Claude-Louis-Arthur Souchon d'Aubigneu, a épousé le 16 février 1859 Mlle Madeleine-Mélanie-Zénaïde Coinchon. De ce mariage sont nés :

1° Antoine Jules, 1860-1861 ;

2° Jeanne, 1862.

*
* *

V bis. Noble Hubert Souchon du Chevalard, né en 1768, épousa en 1797, Mme Angèle Du Rozier, veuve Du Bouchet :

1° Jean-François Lucien, qui suit.

VI. M. Jean-François-Lucien Souchon du Chevalard, chevalier de la Légion-d'Honneur, membre du Conseil général de la Loire, ancien recteur de l'Académie départementale de la Loire, président de la Société d'agriculture de Montbrison, a épousé le 2 juin 1829 Mlle Jeanne-Françoise-Elisabeth Michon de Vougy, d'où :

1° Etienne, 1834-1853 ;

2° Marie Jules, 1840, qui suit :

3° Mlle Marie, mariée à M. Camille de Taffanel, marquis de la Jonquière.

VII. M. Marie-Jules Souchon du Chevalard.

Armes : Ecartelé aux 1er et 4e quartiers de gueules au lion d'or, au chef cousu d'azur, chargé d'une rose d'argent accostée de deux étoiles d'or ; aux 2° et 3e, d'azur à un arbre d'or, au chef cousu de gueules chargé d'une rose d'argent entre deux étoiles d'or.

Supports : Deux lions.

Devise : Sto.

En 1737, on ne comptait que deux cents familles dans la commune de Saint-Bonnet, et sur cinquante villages plus d'un tiers obéissait à des maitres étrangers au pays.

Le sire de Saint-Paul, écuyer, y fut assassiné en 1627.

Sur la plainte de Barthélemye Fournier, sa v^e, descendante de Pierre Fournier, tabellion en 1602, le châtelain de Chatelneuf fit emprisonner les meurtriers. Le lieutenant criminel de Montbrison s'étant emparé de cette affaire, un conflit judiciaire s'engagea entre ces juges.

Claude Henrys raconte ainsi ce fait dans son recueil d'arrêts donnés en la cour du Parlement de Paris.

« Marcellin de St-Paul, seigneur de Chazellet,
« gentilhomme, demeurant au bourg de Saint-
« Bonnet-le-Courro, avait quelque procès et ini-
« mitié avec des personnes du lieu; et même le
« jour de la feste ils se seraient harcelez, et le
« lendemain estant allé à la chasse sur les cinq
« heures du soir, accompagné d'un sien neveu
« portant une harquebuze, d'un moine et d'un
« jeune garçon qui menait deux lévriers en lesse ;
« ses ennemis au nombre de six et aucun d'eux
« à cheval qui se retiraient dudit bourg, le ren-
« contrent peut-estre par dessein prémédité, peut-
« estre par cas fortuit.

« Quoi que c'en soit l'ayant trouvé à leur
« advantage il est attaqué à l'improviste et ensuite
« homicidé.

« De cette occision, le chastelain de Chatelneuf
« informé sur la plainte de la veuve, fait la levée
« du corps, permet qu'il fust inhumé, décrète
« contre les coupables.

« Aussitôt après le lieutenant criminel de

« Montbrison en veut prendre connoissance, in-
« forme de sa part et fait défense à la veuve de se
« pourvoir pardevant autre que lui et audit chas-
« telain d'en connaître.

« Ce dernier néanmoins ne s'arreste pas en ce
« chemin, continüe sa procédure et sur les con-
« tumaces des accusez rend le premier la sentence
« portant condamnation de peine de mort.

« Comme aussi ledit lieutenant criminel décrète
« et donne une pareille sentence postérieure pour
« la prononciation.

« Au moyen de tout quoi la Cour du Parlement
« fut saisie des diverses appellations des ordon-
« nances du lieutenant criminel de Montbrison,
« tant de la part aussi de la veuve que du chaste-
« lain, premier juge dans cette affaire.

« Ensuite l'un des accusez ayant été faist pri-
« sonnier par qui de droit en la conciergerie du
« bailliage par prison empruntée, celle-ci étant
« en estat de réparations pour cause de mauvais
« état, le lieutenant criminel en aurait voulu de
« nouveau connaistre, lui aurait prononcé sa sen-
« tence et depuis l'aurait élargi, sous caution de
« se mettre en estat en la conciergerie de la Cour :
« de quoi la veuve et le chastelain ayant de nou-

« veau appelé et intimé le lieutenant criminel, il
« y a eut arrêt de ladite Cour à son préjudice. »

Cet arrêt est ainsi conçu :

« Lovys, par la grâce de Dieu, roy de France
« et de Navarre, au premier des huissiers de
« nostre Cour de Parlement, salut. Comme ce
« jourd'hui comparant judiciairement damoiselle
« Barthelemye Fournier, veuve de feu Marcellin
« de Sainct-Paul, vivant escuyer sieur de Cha-
« zellet : et maistre Pierre-Louys Rouzat, capi-
« taine et chastelain de Chastelneuf, appelant
« des ordonnances rendües par l'intimé ci-après
« nommé les 27 et 28 aoust, 16 septembre 1627,
« les 9 et 17 aoust, 26 octobre 1628. Elargisse-
« ment de la personne de maistre André Pastural,
« de Saint-Bonnet, et de tout ce qui a été fait,
« jugé et ordonné par ledit intimé, tant comme
« de juge incompétant qu'autrement, d'une part :
« et maistre André Tricaud, lieutenant criminel
« au baillage de Forests, intimé en son propre et
« privé nom, d'autre part, sans que les qualitez
« puissent préjudicier aux parties, après que
« Pageau pour Rozat, a dit qu'en la juridiction
« de Chastelneuf, y a eut homicide comis en la
« personne d'un nommé de Sainct-Paul, la veuve
« en fait plainte à sa partie qui a fait le procès, et
« néanmoins Tricaud en a voulu prendre connois-

« sance et fait défenses aux parties se pourvoit
« ailleurs que pardevant lui dont y a appel par la
« veuve, etc., etc.

« Nostre dite Cour déclare et a déclaré le lieu-
« tenant criminel de Montbrison bien intimé en
« son nom, ordonne qu'il deffendra et que Talon,
« avocat pour ledit lieutenant criminel a esté ouy
« en ses défenses.

« Nostre dite Cour dit : qu'il a esté mal et
« nullement procédé, ordonné et exécuté : en
« émendant condane le lieutenant criminel de
« Montbrison, réintégrer l'acusé dans un mois ès
« prisons de Chastelneuf, à peine de dommages-
« intérêts des parties, pour estre le procez fait et
« parfait par le chastelain jusques à sentence dé-
« finitive inclusivement, sauf l'exclusion, s'il en
« est appelé, condane dès à présent le lieutenant
« criminel de Montbrison en tous les dépends,
« tant envers la partie civile qu'envers le juge de
« Chastelneuf.

« Mandons à la requète dudit Rouzat, mettre
« le présent arrêt de nostre Cour à düe et entière
« exécution selon la forme et teneur : de ce faire
« donnons pouvoir.

« Donné à Paris le septième jour d'avril, l'an
« de grâce 1629 et de nostre règne, le dix-
« neuvième.

　　　　　　　　　« Signé : Lovis. »

Dans le bourg de Saint-Bonnet-le-Courreau, où cet assassinat eut lieu, on ne comptait, au milieu du XVIe siècle, que dix maisons qui toutes rappellent quelques souvenirs.

La plus ancienne construction, jadis la demeure des hobereaux du village, est, sans contredit, la maison Desbreux placée en face de l'église. On admirait, il y a trois ans, la porte sculptée qui faisait l'entrée principale.

Un domaine important situé aux alentours du bourg, appartint longtemps aux seigneurs qui venaient habiter cette petite résidence pendant la belle saison.

En 1760 et 1770, messire Pierre-Joseph Desbreux, écuyer, seigneur de Chabanolles, afferma, en présence de son ami, messire Thibault de Pierreux, écuyer à Usson, toutes ses propriétés de Bucherolles et des environs, aux sieurs Beynet, Masson et Viallard.

Une partie de ses biens qui étaient fort étendus, fut vendue, 1778, aux sieurs Boibieux, Cognasse et Arnaud, par Messire Charles Desbreux, chevalier de l'ordre royal et militaire de Saint-Louis.

Joignant la maison Desbreux, se trouve celle qui a appartenu à la famille Démier. Dès le principe elle fut habitée par noble dame de Chazellet qui montait souvent sur sa tour, pour voir au loin *si ses manants estaient en travail.* Elle appartint ensuite aux deux frères Valézy, avocats et conseillers au bailliage de Montbrison. Leur père fut nommé juge à la châtellenie de Chatelneuf et l'un de ses enfants notaire, au commencement du XVIIe siècle. Cette famille possédait d'immenses propriétés, entr'autres le domaine de la Michaude et les Jasseries de Renat.

Le sieur Valézy père les avait acquises de messire Pierre de la Tanerye, notaire, par acte reçu, Me Monate, le 24 novembre 1640.

Les Jasseries furent ensuite cédées à M. André Mathon, de Sauvain, procureur d'office de Montherboux, suivant acte passé devant Me Gabrion, le 15 juillet 1666.

Le château de M. Mathon, ses dépendances et des bois d'une valeur considérable, sont aujourd'hui la propriété de M. Dulac, avocat, qui, par ses bons conseils, a su mériter l'estime et l'attachement des habitants de Sauvain.

Au nord du bourg de Saint-Bonnet se trouve la maison de la Frairie (de *fratres* frères). Elle fut édifiée en 1544 par le seigneur de Grandris qui concéda aux habitants des villages éloignés le droit de s'y retirer les dimanches et jours fériés.

Chacun y apportait sa nourriture qui était retirée dans de petites cases placées dans le mur.

A l'issue des offices le repas se prenait en commun, comme les *Agapes* des premiers chrétiens, parce que les cabarets étaient moins nombreux et moins fréquentés qu'aujourd'hui.

En 1745, un seigneur Girard de Vaugirard, intenta un procès au curé, syndic de la Frairie, et à trente des plus notables habitants, pour redevances qui lui étaient dues. Ayant obtenu gain de cause devant la Cour du Parlement, cette maison lui fut adjugée en 1749 pour le montant de ses droits.

Ce seigneur céda une partie de ces bâtiments au sieur Gorou, le 24 septembre 1764, et le 19 novembre suivant il vendit le surplus au sieur Durval moyennant 600 livres.

En face de la Frairie et non loin de la fontaine de la Conche, se trouvent les bâtiments de la Prébende où l'on déposait la dîme due au curé et les redevances en nature à la charge des habitants du bourg.

Au côté méridional de la cour fluaient les eaux d'une source qui furent recueillies au dehors des bâtiments, dans le bac, afin de devenir communes à tous les habitants du bourg.

Autour de ces principales maisons vinrent se grouper, peu à peu, plusieurs habitations, mais les villages les plus anciens et les plus peuplés furent, pendant plusieurs siècles, ceux de Courreau, Grandris, Lachaize et Planchat.

Un chemin étroit et pierreux desservit les divers hameaux de cette commune. Cette voie qui sillonnait toute la partie occidentale jusqu'à la Pelletière, s'appelait le chemin des Côteaux ou des Couteaux (*).

Au XVIIe siècle le bourg de Saint-Bonnet était habité par un petit nombre de cultivateurs et on n'y comptait que vingt-deux feux ou ménages, vulgairement désignés sous les noms suivants : chez Pécheret, Chavanis, Ausséda, le Maréchal, Masson, Molin, Démier, Vernet, Grimaud, Desbreux de Chabanoles, Meraude, Dérivod, Spéry, Mouchon, le Jay, Coin, Gourou, Saint-Bonnet, Dupuy, Forestier, etc., etc.

(*) Autrefois ce chemin servait aux habitants de l'Auvergne qui venaient acheter du vin dans les vignobles de Boën, Marcoux et Marcilly. Ils en transportaient une certaine quantité, à dos de mulets, au moyen des outres appelées *Cotots*. De là peut provenir le nom de Coteau donné à cet ancien chemin.

Plusieurs membres de la famille Forestier exercèrent les fonctions notariales pendant tout le XVIe siècle.

Après eux on distingua un sieur Jean-Marie Dupuy qui fut notaire pendant cinquante-deux ans, c'est-à-dire jusqu'à son décès survenu en 1804.

Nommé d'abord commissaire à terriers, il fut chargé de renouveler tous les titres du comte de Rivarol, pour sa terre de Querézieux et ceux concernant le château de Pierre-Blanche, appartenant à M. D'Allard. Il resta auprès de ce dernier jusqu'en 1752, époque où il fut nommé notaire et commissaire en droits seigneuriaux, en remplacement de Me Mollin. En 1786 il se rendit acquéreur des dîmes et redevances de M. Desbreux de Chabanolles et occupa les fonctions de procureur chargé de constater les contraventions commises dans les bois nationaux, puis greffier, officier municipal, membre du conseil.

L'histoire de la commune de Saint-Bonnet est fort obscure jusqu'au XVIe siècle et c'est seulement à partir de cette époque que l'on peut citer quelques faits offrant quelque intérêt local.

En l'année 1562 Arthaud d'Apchon se mit à la tête d'un parti de catholique et résolut de chasser de nos campagnes les bandes de huguenots. Mais les représailles dont les catholiques usèrent dans plusieurs communes ne furent qu'un faible obstacle aux excès d'un fanatisme sanguinaire.

Etablies à Montbrison, les compagnies du baron des Adrets parcoururent toutes les communes environnantes, surtout celles où le culte catholique était le plus en honneur. St-Bonnet-le-Courreau, pays éminemment orthodoxe et malheureusement trop rapproché de Montbrison, eut à souffrir de ces hordes dévastatrices qui brisèrent les croix et pillèrent l'église. A cette nouvelle, un parti catholique qui stationnait dans les communes de Job et de Valcivières, traversa en toute hâte la montagne, sous les ordres d'un abbé, et vint au secours des malheureux habitants de St-Bonnet-le-Courreau. Les huguenots durent se retirer et emportèrent avec l'argent qu'ils avaient arraché des paysans, les vases sacrés de l'église.

Avant de se retirer sur Lyon, le baron des Adrets nomma un nouveau bailli et un prévôt dans la ville de Montbrison. Ce dernier qui connaissait parfaitement le pays fut chargé de faire rentrer les richesses des églises dépouillées. Non content du petit butin fait dans la paroisse de St-Bonnet-le-Courreau, on dirigea une compagnie vers cette commune qui eut à subir cette fois toute la rage de ces forcenés.

Les protestants firent irruption dans le bourg à la pointe du jour et la confusion régna aussitôt parmi les habitants. Les uns cherchent un asile à la Prébende et dans la maison Desbreux, les autres fuient dans les bois, d'autres enfin, nullement effrayés par les vociférations de cette bande indisciplinée se disposent à se défendre, en cas d'attaque personnelle. A ce moment le curé, le pieux et courageux Michel Plagneux, ne songe nullement à son autorité spirituelle, il sort de son presbytère pour secourir ses ouailles. Des combats partiels s'engagent dans le cimetière ; plusieurs catholiques sont blessés ; quelques uns trouvent la mort à l'entour de l'église dont ils veulent défendre les approches. Les protestants pénètrent dans ce temple, où, en ce moment le vicaire Chazal célébrait le saint sacrifice. Ces hérétiques poussés par le fanatisme, se ruent sur la maison de Dieu avec une telle rage, que le *povvre prestre ne put achever et s'enfuit estant encore revestu de ses habits avec lesquels on chante messe.*

Alors ils se livrèrent aux plus violents excès contre les images des saints, les tabernacles, les statues et les confessionnaux. Enfin tout ce qui se rattachait au culte tomba sous les coups des soldats protestants. Bref, ils enlevèrent tout ce qu'ils purent trouver : calices, ciboires, lampes, ostensoirs, croix, chandeliers, et forcèrent le tronc de la fabrique où se trouvaient les offrandes des fidèles ; mais ce qui est plus regrettable, c'est qu'ils détruisirent les titres concernant l'église. Après cette profanation, ils se jetèrent dans la maison curiale où ils volèrent l'argenterie, le linge et une somme de deux mille livres destinée à la reconstruction de l'église. Plusieurs habitants eurent aussi la douleur de voir leurs maisons livrées au pillage, entr'autres la famille Valézy.

Après cet exploit, les huguenots se dirigèrent sur Sauvain où les habitants, soit par crainte ou sympathie, s'empressèrent de les bien accueillir.

Plus d'un demi siècle après ces faits, le clergé se réunit pour solliciter la publication du concile de Trente. Les calvinistes s'agitent de nouveau et se montrent sur plusieurs points disposés à la révolte ;

Henri IV devenu roi de France voulant alors éviter, à tout prix, une nouvelle guerre désastreuse, publia le célèbre édit de Nantes qui, rédigé dans des vues de pacification devait pourtant mécontenter bien des esprits. La France dépeuplée par la guerre, ruinée par les dilapidations, épuisée d'argent et d'hommes, trouva néanmoins le repos. Le bon roi tourna alors toutes ses pensées vers les améliorations intérieures et le soulagement du peuple : c'était une grande tâche; mais la bonté de son cœur était au niveau de l'entreprise, et il eut le bonheur de rencontrer non seulement un ami, mais encore un ministre habile en la personne du marquis de Rosni, duc de Sully, Cet homme d'un profond génie, d'une âme encore supérieure et d'un dévouement qui surpassait tous les dons de la nature, voulut marquer ce temps de paix et de repos et en perpétuer le souvenir jusque dans les plus petits villages, Il ordonna en 1595 de planter des arbres qui prirent le nom de Sully, en mémoire de la fin des troubles et des discordes qui avaient régné jusqu'alors. On planta des tilleuls dans presque tous les hameaux de la commune de Saint-Bonnet-le-Courreau et quelques uns, favorisés par une végétation vigoureuse, ont bravé les orages et résisté à l'intempérie des saisons; tels sont ceux que l'on voit à Courreau, Faverge, Lachaize-Truchard, etc. etc.

Aux troubles religieux qui désolèrent la France aux XVI et XVIIe siècles, se joignit fréquemment le fléau de la peste.

On ne peut jeter les yeux sur l'histoire sans être

effrayé de la fréquence des maladies contagieuses qui ont anciennement ravagé la France.

Dans le XI° siècle, la lèpre et la peste, rapportées d'Orient par les croisés, se naturalisent dans nos contrées. Il est à remarquer que ces grandes calamités accompagnent presque toujours les révolutions. On dirait même qu'il existe une étroite connexion entre les causes qui troublent l'harmonie du monde moral et celles qui agissent sur le monde physique. En effet la fièvre jaune a suivi les grandes convulsions qui ont troublé Saint-Domingue, le Mexique et le Pérou. Au XIV° siècle, une contagion cruelle sévit en Europe à l'époque des guerres contre l'Angleterre, au moment des désastreuses batailles de Poitiers et d'Azincourt. Le choléra-morbus a eu pour cortège funèbre la révolution de juillet et le soulèvement de la Pologne.

La peste se déclara dans le Forez en 1628 et suivit presque toutes nos montagnes.

Cette contagion ressemblait à ces pestes de l'antiquité dont les historiens nous ont laissé des tableaux si effrayants. C'était un égarement frénétique du cerveau, un feu dévorant qui gagnait les entrailles, une soif brûlante qui contraignait les malades à s'échapper de leur lit; un frissonnement convulsif de tous les membres;

une paralysie de tout le système sensible ; des angoisses déchirantes qui simulaient les effets sinistres du poison le plus redouté.

J. P. Papon dit :

« Que les médecins étaient étonnés des circons-
« tances opposées de la maladie; ils avouèrent
« qu'ils n'y comprenaient rien, surtout que les
« femmes résistassent mieux que les hommes,
« quoiqu'elles servissent les malades. »

Les affections de famille devenaient impuissantes devant la crainte de la contagion ; les parents redoutaient le contact de leurs propres enfants: la terreur semblait, en un mot, dissoudre les liens les plus sacrés de la nature. Si de courageux habitants dans la commune de Saint-Bonnet se dévouèrent à la cause du malheur, il y en eut qui firent le métier de soigner les pestiférés, afin de capter des libéralités.

« Les communes du canton de St-Georges-en-
« Couzan, dit M. Jacquet, de Chalmazel, furent
« ravagées par la peste. Le fléau était si terrible
« que les habillements et les meubles qui avaient
« subi le contact des malades, étaient brûlés ou
« enfouis dans la terre, comme extrêmement
« contagieux. Les rassemblements de personnes
« étaient défendus ; les églises étaient fermées ;
« la messe se célébrait en plein air sur des lieux
« élevés et les fidèles devaient se tenir à l'écart,
« entendre le saint sacrifice de loin à l'aide de

« signaux qu'on leur donnait. Les notaires
« chargés de recevoir les testaments, se tenaient
« au loin sur les places, recevant, par porte-
« voix ou par tout autre moyen, les dernières
« volontés des mourants. Les testateurs substi-
« tuaient souvent jusqu'à quatre ou cinq per-
« sonnes à leurs héritiers, tant leur apparaissait
« peu assurée la vie de ceux-là mêmes qui n'é-
« taient pas encore atteints de la maladie. Faute
« d'espace dans les cimetières et en même temps
« pour ne pas apporter de nouveaux germes de
« contagion dans les bourgs, on enterra les
« morts dans la campagne loin de toute habita-
« tion. Pour trouver un adoucissement à des
« maux contre lesquels l'art des hommes était
« impuissant on fit des prières, des processions
« et on éleva dans maints endroits des chapelles
« dédiées à Saint-Roch, etc... »

Si l'on consulte les nombreux testaments faits dans ces jours malheureux, on demeure convaincu que la peste a décimé près d'un tiers de la population de la commune de St-Bonnet-le-Courreau pendant les années 1631 et 1632.

Ce qu'il y a de plus déplorable, c'est que les corps demeuraient souvent sans sépulture, parce qu'on avait beaucoup de peine à trouver des gens qui voulussent se dévouer à ce dangereux service. Deux habitants, les sieurs Guillot et Dupuy, animés par un zèle pieux, s'offrirent pour remplir cette œuvre de charité ; mais au bout de quelques jours ils succombèrent sous les coups de cette terrible maladie qui avait déjà fait de nombreuses victimes.

A cette occasion, un grand nombre de cadavres furent ensevelis au lieu du Mont, près de Saint-Bonnet, sur le chemin de Sauvain (*).

Un opuscule publié par un prêtre annonce :

> « Que Montbrison, les châteaux et les villages
> « étaient déserts ; que dans les montagnes il ne
> « restait plus personne pour semer, moissonner
> « et lever la récolte qui était fort belle ; que
> « plusieurs maisons n'avaient qu'un seul habi-
> « tant et que des familles entières ayant été
> « emportées, il ne restait aucun parent pour
> « succéder aux biens des morts.

Soixante-dix ans après ces affreux désastres, éclata la fameuse guerre de succession. Louis

---

(*) La tradition nous apprend que le bourg de Saint-Bonnet se trouvait placé jadis au lieu du Mont. Après l'incendie qui le détruisit en entier, les malheureux habitants résolurent de construire un nouveau village et une église *aux Places de Bucherolles*. A cet effet, ils firent une corvée pour transporter les matériaux qui pouvaient leur être utiles, mais arrivés à la Place dite des Terreaux, les bœufs *fléchirent les genoux et refusèrent d'avancer.* On regarda cette chose extraordinaire comme un décret de la Providence et il fut décidé que l'on bâtirait dans cet endroit. La chapelle qui servait à quelques religieux fut agrandie, à l'aide des habitants de Courreau et le nouveau bourg devint alors le chef-lieu de la paroisse.

XIV réunit de toutes parts de nombreuses troupes pour les opposer à ses ennemis. L'Empereur Léopold, son antagoniste, commença le premier les hostilités et Eugène de Savoie, l'un des plus grands généraux de cette époque, remporta une éclatante victoire sur Catina qui fut aussitôt remplacé par Villeroi. Ce maréchal se hâta de mettre en réquisition toutes les provinces du royaume, pour grossir son armée.

Dans cette circonstance, les officiers militaires qui commandaient dans le Forez, ordonnèrent que toutes les communes de notre canton seraient tenues de loger un corps de troupes que l'on dirigeait sur l'Auvergne.

Messire Gilbert de Gadagne d'Hostun, chevalier, comte de Verdun, lieutenant pour sa majesté dans le Forez, fit la répartition de ses compagnies dans nos montagnes.

La commune de Saint-Bonnet-le-Courreau fut obligée de loger et entretenir une compagnie du régiment de cavalerie de Ruffey ; Sauvain devait fournir 25 mesures d'avoine ; Montherboux pareille quantité ; Chatelneuf 10 ras d'avoine ; Chalmazel 45 ; le Sail, St-Georges et Palogneux, chacune 10 ras d'avoine.

Les communes devaient conduire ces denrées

au bourg de St-Bonnet sous peine d'être obligées de loger la compagnie entière et même d'emprisonnement des consuls.

Ce détachement arriva le 20 janvier 1701. Les officiers furent logés dans les cabarets et les cavaliers dans les maisons des simples cultivateurs. Les chevaux furent placés dans les écuries de Messire Desbreux de Chabanolle, ainsi qu'il résulte d'un acte de garantie de dommages fait à ce seigneur par les consuls, le 30 janvier de ladite année.

Les habitants fournissaient 18 livres de foin par jour, 20 rations et une coupe d'avoine. Ces rations étaient payées aux consuls neuf sols, sur un récépissé délivré à M. le marquis de Rochebonne, trésorier de l'extraordinaire des guerres.

Cette troupe quitta heureusement la commune après un séjour d'un mois qui parut une année aux pauvres habitants de nos contrées.

L'année suivante, des émissaires étrangers parvinrent à soulever les protestants des Cévennes et de la Lozère. Ils avaient pour chefs des ministres et des prophétesses qui parcouraient les montagnes en vomissant des imprécations contre la religion catholique et contre les prêtres. Les paysans des Cévennes portaient des blouses en toile blanche, longues, à manches coupées, semblables aux chemises des femmes : de là leur nom de *Camisards*. Dans le Dauphiné, ils eurent pour chef un simple garçon boulanger, nommé Cavalier, qui remplissait l'office de prophète et de général. Louis XIV envoya contre eux des troupes sous les ordres du marquis de Villars qui comprima la révolte en 1704.

A cette époque, plusieurs ministres protestants vinrent s'établir dans la paroisse de Sauvain, limitrophe de celle de St-Bonnet, et y firent de nombreux prosélytes. Alors les habitants de la commune de Saint-Bonnet et ceux de St-Georges, donnèrent à leurs voisins, devenus protestants, le surnom de *Camisards* qui leur est resté jusqu'à ce jour.

En 1758 eut lieu l'incendie du bourg de Saint-Georges-en-Couzan. Les habitants de plusieurs villages de St-Bonnet volèrent au secours de leurs frères et signèrent avec eux une supplique afin d'obtenir quelques subsides de l'évêque diocésain. La chronique rapporte que les cloches brisèrent, en tombant, la toiture de l'église et que les vases sacrés furent sauvés par un homme courageux qui se voua à une mort certaine dans cette triste circonstance.

En 1789, époque de funeste mémoire, une panique générale s'empara des paysans de la commune de St-Bonnet, à la nouvelle d'une révolution inattendue. Chacun racontait des choses absurdes que la frayeur grossissait à chaque instant. Les mots de brigands, pillages, vol, assassinat, troublèrent les esprits à un tel point que l'on vit les habitants de plusieurs villages se retirer dans les bois de Chavanne et ailleurs. Les prêtres de la paroisse, en hommes prudents, dans la crainte d'une profanation, barricadèrent les portes de l'église et l'on ne peut qu'approuver cette sage précaution en songeant au sac de l'église opéré par les protestants au XVII° siècle.

Des libertins enhardis par l'ivresse brisèrent la statue qui surmontait la fontaine de St-Barthélemy. Jadis les femmes y portaient les enfants atteints de certaines infirmités. Trois fois par an cette cérémonie ou plutôt cette momerie se renouvelait : le lundi de Pâques, de la Pentecôte et le jour de la fête patronale. Les fidèles trop crédules se rendaient avec empressement vers cette fontaine qui était placée au dessous du cimetière actuel et dans l'emplacement de l'ancienne tannerie.

On raconte qu'une bonne vieille, en voyant les débris de la statue dans les orties, s'écria tout à coup : « *Saint-Barthomio le vio sor do zourtis car le jouene na ji de vartu* — Saint-Barthélemy le vieux sors des orties car le jeune n'a pas de vertu.

L'année 1790 vit l'organisation de la garde nationale dans cette commune. Elle formait deux compagnies placées sous les ordres d'un ancien militaire qui remplit les fonctions de commandant du deuxième bataillon cantonal. Le drapeau fut arboré sur le clocher et le 14 juillet 1792 cette milice se rendit à Montbrison pour assister à la fête de la Fédération. Les deux bataillons du canton se réunirent à Champdieu et rejoignirent les autres gardes nationales dans la plaine de Savigneux où un camp fut bientôt formé. Quatre prêtres célébrèrent le Saint Sacrifice sur un autel à quatre façades.

De retour à Saint-Bonnet, la garde nationale planta l'arbre de la liberté sur la place du Plâtre.

L'année suivante est une époque néfaste et les anciens se la rappellent avec peine et douleur. Elle commença au milieu des débordements des passions et des cris séditieux. Tous les différents partis qui avaient contribué au renversement de l'ordre social, n'étaient point d'accord entr'eux.

Au mois de septembre apparait tout à coup sur la scène de notre département un homme qui acquit une triste réputation : c'est Claude Javogue, avocat à Montbrison.

Issu d'une famille honorable de Bellegarde, il passa les plus belles années de sa vie dans le plus honteux abrutissement. Devenu méprisable aux honnêtes gens, il fut élu représentant à cause de l'exagération de ses opinions politiques. Envoyé par la convention au siège de Lyon, et après la reddition de cette place dans le Forez, il remplit son mandat avec ce brutal plaisir qui pousse au mal sans nécessité.

> « Il agit aussi, dit M. D'Assier, par la haine
> « personnelle que son amour-propre blessé par
> « quelques prétentions malheureuses lui avaient
> « inspiré contre la classe supérieure principale-
> « ment celle de Montbrison qu'il décima avec
> « fureur. »

La nature semblait l'avoir créé exprès pour remplir dans nos contrées un des principaux rôles de la Terreur. Orateur de place publique, poussant l'exaltation jusqu'à la fureur, habile à enflammer les passions du peuple, il avait acquis une popularité redoutable. Pendant son séjour à Montbrison, ce Néron du Forez envoya ses bandes de forcenés dans nos montagnes où elles firent de nombreuses visites domiciliaires. Il fut enjoint aux magistrats de cette localité de détruire tout ce qui pouvait rappeler la féodalité et l'asservissement du peuple.

Le second dimanche d'octobre de l'an 1793, deux officiers municipaux, en présence de la garde nationale, réunirent sur la place les titres relatifs aux redevances, aux prébendes et à la fabrique, les plans, livres, terriers, concernant la commune et y mirent le feu. On conçoit la satisfaction des habitants à la vue de cet auto-da-fé qui, de serfs qu'ils étaient auparavant, paraissait en faire tout à coup des hommes libres. Au milieu des cris d'allégresse et du bruit du tambour, plusieurs d'entr'eux attisaient le feu avec des fourches et des piques. Un quart d'heure suffit pour anéantir des titres précieux et des archives d'une utilité incontestable. En agissant avec plus de discernement, on aurait pu sauver des flammes les actes qui n'avaient pas de rapport avec les redevances féodales et conserver les pièces qui concernaient l'église et le presbytère.

Trois notables habitants de la commune de St-Bonnet, se rendirent à Montbrison, pour demander à Javogue qui habitait à l'hôtel du Nord, 'près la Sous-Préfecture actuelle', la mise en liberté de quelques prêtres. Mais loin de réussir dans leur entreprise, ces hommes courageux et dévoués ne durent eux-mêmes leur salut qu'au prix d'une somme considérable d'argent.

A cette époque funeste, un corps de montagnards attaqua les révolutionnaires près de Champdieu. Le combat ne fut pas long et, au milieu d'une déroute complète, les sicaires de Javogue tuèrent ou blessèrent un grand nombre de paysans venus de notre canton délivrer quelques victimes de la Terreur.

Quelques personnes se rappellent encore la risible complainte qui fut composée contre le fameux *Sampicot* de St-Bonnet qui eut, dans cette escarmouche, la machoire fracassée par un coup de feu.

Mais tirons un voile sur le triste et lugubre tableau de la révolution. Taisons les noms des riches propriétaires de domaines situés dans ce pays et qui, comme bien d'autres, payèrent de leur vie, les abus d'une féodalité despotique.

Faible et craintive, la convention décréta une levée de deux cent mille hommes et établit un tribunal révolutionnaire, tribunal exceptionnel et sans appel, uniquement destiné à frapper de mort les émigrés, les royalistes et tout ce qu'on voulait appeler les ennemis de la révolution.

Le district de Montbrison dût fournir son contingent et l'on vit alors dans plusieurs localités surgir d'énergiques protestations contre les mesures arbitraires de la Convention aussi impitoyable que les bourreaux de la malheureuse Pologne.

Dans la commune de St-Bonnet, les représentants de plusieurs familles honorables du pays ou propriétaires dans cette localité, firent la protestation suivante :

« Pardevant M⁰ Dupuy, notaire à St-Bonnet-le-Cour-
« reau, etc.

« Ont comparu :

« Etienne de Chambaran de la Rivolière, De Camus,
« Gaspard Montginot, De Chabet, Guillot, de Planchat,
« Noble Simon du Mas, Gilbert Odin, homme de loi,
« Messire Desperichon, capitaine de cavalerie, Des-
« breux de Chabanolle et Girard de Grandris, etc.

« Qui nous ont dit :

« Qu'au milieu de l'anarchie qui désole le territoire
« de leur malheureuse patrie, voulant se soustraire au
« despotisme du décret du 25 février dernier, sur la
« levée de 300,000 hommes qui laisse à l'assemblée des
« citoyens la liberté de décider du mode de recrutement ;
« craignant que l'assemblée de leurs communes n'adop-
« tât la voie inique du scrutin ou celle du sort, défendu
« par le décret du 4 mars 1791 ; voulant aussi s'éviter le
« désagrément de se trouver à des assemblées de cette
« nature où l'expérience n'a que trop prouvé malheureu-
« sement jusqu'à ce jour que l'esprit d'anarchie est telle-
« ment en vigueur que l'homme vertueux est journelle-
« ment exposé à des voix de fait, ils avaient été con-
« traints pour s'arracher à la fureur populaire, de se
« présenter devant les officiers municipaux de Montbri-

« son le jour d'hier, à l'effet de protester contre la loi
« actuelle, puis de contracter quelques uns d'entr'eux,
« par un concours uniforme d'opinion, un engagement
« dans le 8° régiment de dragons ci-devant Penthièvre.
« Mais que cet acte ayant été fait pour déjouer l'intri-
« gue et la malveillance d'un poignée de factieux, ils
« déclaraient se pouvoir contre ces engagements dans
« le temps et à la forme du droit ; protestant tous en-
« semble contre la transcription qu'ils vont être forcés
« de faire sur les registres de leur municipalité. etc.

« Dont acte, octroyé à St-Bonnet, le vingt-troisième
« mars 1793. »

Citons encore un fait qui eut lieu en 1814 lors de l'invasion des alliés en France.

La période impériale éleva le nom français à un haut degré de gloire, mais la guerre meurtrière faite à l'Espagne commença à ébranler la puissance de Napoléon et la campagne de Russie acheva de l'écraser. L'homme de génie voyait crouler sous ses pieds un trône qu'il occupait avec tant de renommée. L'Europe entière se lève contre lui et la France est envahie de toutes parts. Napoléon marche à la rencontre des alliés, Il lutte avec une étonnante opiniâtreté contre sa mauvaise fortune, mais l'ennemi est vainqueur et il faut se retirer en présence des armées qui entrent dans la capitale. Le 3 avril, le Sénat prononce la déchéance de l'Empereur et les versatiles Parisiens acclament la dynastie des Bourbons.

Toutefois l'invasion des alliés ne s'opère point sans résistance de la part des populations qui avaient peine à voir dans ces étrangers les protecteurs d'un monarque qui amenait la paix en France.

Le 21 mars, un corps de 5,000 autrichiens, infanterie, cavalerie et artillerie, sous le commandement du prince Ferdinand de Saxe-Cobourg, père de la duchesse de Nemours, vint de Lyon et occupa Saint-Etienne qui devenait un point important à cause de sa manufacture d'armes. De là ils se dirigèrent sur Montbrison.

Un corps de partisans s'était formé dans la plaine du Forez et sur les bords de la Loire, sous les ordres de M. Gustave de Damas. Composé d'hommes généralement peu habitués au maniement des armes, il ne rendit pas tous les services que le pays attendait, néanmoins ses escarmouches ne laissèrent pas d'inquiéter les Autrichiens.

Réunis à Montbrison, les volontaires se retranchèrent avec soin, afin de résister à l'ennemi qui arrivait par Andrézieux et Saint-Rambert, après avoir essuyé une vive fusillade de la part des habitants des Barques, au passage de la Loire.

Tout à coup les sentinelles avancées du comte de Damas signalent l'approche d'un régiment de cavalerie. C'étaient les dragons de la Tour.

Impossible de combattre une force si imposante ; il faut vaincre, mourir ou fuir. On prit ce dernier parti et le Comte ordonna de se replier sur l'Auvergne. La retraite est sonnée et les partisans se dirigent vers les bois d'Ecotay, d'Essertine et de Saint-Bonnet-le-Courreau.

La cavalerie arrive au galop et trouve le retranchement désert. Le colonel aperçoit les fuyards et lance aussitôt un escadron à travers les montagnes. Mais ces intrépides dragons escaladent en vain les rochers ; la fusillade les accueille dans les bois et ils sont forcés de se replier après avoir fait quelques prisonniers à Essertine.

Une compagnie de quarante hommes acharnée à la poursuite des partisans, s'égare dans la montagne et arrive à Saint-Bonnet, le jour de Pâques, à huit heures du soir. A la vue de ces cavaliers les habitants se retirent effrayés. Pourtant cette troupe ne fit aucun mal et se contenta de demander des vivres qui lui furent accordées en abondance. Campée au bois du Mas, elle se retira le lendemain sans coup férir et rejoignit son régiment à Montbrison.

Le retour de la paix fut l'objet d'une manifestation spontanée et presque unanime de la part de la population de notre commune qui déteste la guerre, parcequ'elle enlève à l'agriculture les bras qui lui sont les plus nécessaires.

Les révolutions de 1830 et de 1848 ont peu agité les esprits dans ce pays où l'attention générale est absorbée plutôt par une mesure administrative que par un incident politique. Toutefois les évènements qui ont eu lieu sous l'Empire, la Restauration, la République et la Présidence, ont offert un ensemble et des mouvements si variés et si contraires, qu'il a été impossible à nos cultivateurs de ne point s'apercevoir de ces différentes phases historiques dont le souvenir se transmettra de père en fils.

Faut-il s'étonner que notre nation, qui aime par-dessus tout les splendeurs de la victoire, du triomphe, du génie, entoure d'admiration le nom de Napoléon, et n'ait que de l'indifférence et de l'oubli pour celui de Charles X? Cependant la religion sait aussi comprendre et inspirer de grandes choses. La prise d'Alger restera une page mémorable dans l'histoire de la restauration. Louis XVIII et Charles X, dans leurs zèles religieux ne laissèrent ni humilier ni outrager la France : l'expédition de Morée et la guerre d'Espagne mirent au contraire en relief l'autorité de la politique française.

Le code civil; la gloire impérissable de nos

armes partout et si longtemps victorieuses ; la société et la religion sauvées ; de grands travaux ; de beaux monuments : voilà ce que nous dûmes à l'Empire.

Nous devons à la Restauration et au gouvernement de juillet une colonie Africaine ou s'aguerrissent nos soldats et les premiers progrès du crédit public en France. Mais nous ne devons rien à la République de février si ce n'est quelques orateurs de talent.

Aujourd'hui tous les représentants des anciens partis sont venus s'asseoir sur les bancs du corps législatif, mais, au milieu de leurs intéressantes discussions, une majorité forte et bien inspirée saura maintenir la paix, avant tout, et éloigner la guerre civile qui renverse souvent sur son passage les lois, le foyer et l'autel.

Cette digression terminée, nous ne nous occuperons point des travaux de l'administration municipale de Saint-Bonnet depuis 89, bien qu'ils soient eux-mêmes des documents historiques se rattachant nécessairement à notre sujet. Nous préférons nous abstenir que d'avoir à traiter plusieurs questions délicates.

GRANDRIS

Dans une petite plaine près du Lignon et proche du ruisseau de l'Appent ou de Grandris, se trouve un hameau d'un aspect agréable où l'on voyait jadis un château qui devint la propriété de plusieurs générations de seigneurs.

Le fief et le château qui portèrent toujours le nom de Grandris appartenaient en 1300 à noble de Crespinge issu d'une famille chevaleresque possessionnée aussi dans le mandement de Chatelneuf.

En 1328 Jean de Grandris, dit de Crespinge, rendit foi et hommage pour le fief qu'il possédait dans ce village.

En 1333 Pierre de Crespinge, chevalier, rendit aussi foi et hommage pour sa maison *(infrà mendamentum Castri novi)* — sous le mandement de Chatelneuf.

Ce même seigneur, héritier de Jean Crespinge.

son frère, de cens et de tailles, fit deux hommages pour la seigneurie de Grandris qui passa après lui à noble Humbert de Beaujeu.

Les châtelains qui succédèrent, obtinrent plusieurs droits féodaux de Antoine d'Urphé, prieur de Montverdun et de Messire d'Aubigny.

Un procès ayant eu lieu entre le curé de Saint-Bonnet et un seigneur de Grandris, au sujet de quelques redevances, ce dernier fut obligé d'établir la généalogie de sa famille et de produire ses titres. Il résulta de ce procès et de tous les documents fournis par les parties, que la terre et le château de Grandris dépendaient autrefois du comté du Forez.

Messire Etienne-Antoine Daugère fit une reconnaissance de ce fief au comité le 18 juillet 1455.

En 1598 noble Pierre de Chateauneuf, chevalier de l'ordre du roi, seigneur et baron de Rochebonne en fit l'acquisition, mais ayant laissé de nombreuses dettes, noble Hugues de Chateauneuf, son fils, fut contraint de revendre cette seigneurie à Messire Jacques Girard de Vaugirard. La vente eut lieu le 23 juin 1601 devant maîtres Plagneux et Veillon, notaires à Montbrison, moyennant 1660 écus, 40 sols.

On ne sait pas en quelle année fut bâti le vieux manoir et l'on présume qu'il fut détruit à l'époque des guerres de religion par les huguenots.

Dans un acte passé en 1666 entre les sires de Talaru et de Marcilly-le-Chastel il est dit « que « les masures et débris du château de Grandris « demeureront la propriété du châtelain de « Marcilly. »

Voici ce que rapporte une vieille chronique sur l'un des membres de la famille de Vaugirard.

C'est une triste histoire et l'on ne peut s'empêcher d'accuser le sort qui moissonna, à la fleur de son âge, une jeune fille douée de toutes les qualités du cœur et de l'esprit.

Elle s'appelait Gertrude, fille du seigneur de Grandris, Trécisse et Colombette.

Cette jeune beauté, la joie et l'orgueil de sa famille, venait d'atteindre sa seizième année. Son père l'avait fiancée au compagnon des jeux de son enfance, héritier d'un grand nom et d'une grande fortune.

Les espiègleries de la jeune châtelaine amusaient tous les gens du château : tout le monde l'aimait parcequ'elle était bonne, vertueuse et charitable.

Quand arrivèrent le temps et l'heure où en dépit de la nourrice qui l'avait élevée, elle donna, en souriant, sa main et son cœur à son heureux fiancé, grande fut la joie du père et des amis.

Sa mère seule manquait à la fête : elle était morte en donnant le jour à son enfant.

Après une courte allocution, le chapelain déposa sur le front blanc et pur de la jeune épouse la couronne aux neuf perles et le cortège se dirigea vers la grande salle des chevaliers.

Au nombre des convives pour le festin de noces, se trouvait Messire du Mas en Mournand, qu'en qualité de voisin on avait invité des premiers, bien que le seigneur de Grandris détestât cet homme méchant et sournois qui avait fait connaître, dans maintes occasions, son ardent désir d'épouser la jeune châtelaine.

Bref, les convives s'assirent au banquet nuptial mais on s'aperçut tout à coup que la jeune épouse manquait à table. On la chercha partout; parents, amis, serviteurs, tout est sur pied à l'instant.

Comme on la connaissait espiègle, chacun crut qu'elle se cachait et le repas commença. Le père remplit sa coupe. Avant de la passer à la ronde et voulant être complice des jeux de son enfant, il dit à haute voix pour qu'elle pût entendre :

« Laissons-la, messeigneurs, laisssons-la, nobles dames, elle ne veut qu'éprouver l'affection de son père et celle de son époux ; elle reviendra bientôt. »

Le père voulut boire alors au bonheur de sa fille mais la coupe trembla dans sa main. Il pâlit... La peur et l'effroi montèrent à tous les fronts. C'est que subitement une pensée horrible s'emparait de leurs âmes et y jetait un soupçon affreux.

Gertrude pouvait-elle ne plus vivre?

Pouvait-elle manquer à l'appel de leurs cœurs? Mais, pour un moment, ils se rassurèrent. Tout à l'heure la fiancée était au milieu d'eux, riant à son époux, animant la maison de ses joyeux ébats. Tout à l'heure elle chantait, allant, courant, fuyant pour reparaître encore ; elle allait donc enfin revenir.... Hélas non! On attendit, mais l'attente fut si longue qu'à la fin l'anxiété, la douleur se peignirent sur tous les visages hormis un seul... Le père éperdu appela sa fille à grands cris ; l'époux sa femme ; les convives leur parente et leur amie. Un seul se taisait... C'était le Sire de Mournand.

Gertrude fut cherchée partout, ce fut en vain, on ne la trouva pas.

Tout le monde se retira triste et désolé.

Quelques jours après cette singulière aventure, un serviteur qui cherchait, sous un hangar, quelques outils d'agriculture, s'aperçut de l'absence d'un bahut placé près d'une citerne desséchée.

Il fit part à son maître de cette remarque et de ses soupçons.

Aussitôt on court, on vole, et l'intendant du château descend dans ce puits où il trouve ce meuble qui paraît bien lourd.

On le monte en toute hâte et on l'ouvre précipitamment. O mélange inexprimable de surprise et de terreur! Les joints vermoulus se brisent sans efforts et le cadavre de la jeune épouse roule sur le sol... Elle avait encore entre ses mains crispées, son long chapelet d'émeraudes et l'infortunée était morte, sans doute, en priant Dieu pour son bourreau le sire du Mas en Mournand.

Celui-ci avait été des premiers à chercher la jeune épouse, au moment du festin. Ayant seul découvert la cachette choisie par la jolie châtelaine, il avait saisi tout à coup le coffre et l'avait précipité au fond du puits, avant que sa victime n'eût le temps d'en sortir.

Cet homme avait éprouvé une joie insensée, en

satisfaisant son ressentiment et sa jalousie: « puisqu'elle ne sera pas mon épouse, se dit-il, elle n'appartiendra à personne !...... »

Au fond de cette citerne la malheureuse eut beau crier, se tordre et se débattre, personne n'entendit ses cris et une mort horrible vint bientôt délivrer de ses tourments celle qui s'était cachée un instant pour se faire chercher par son époux.

A cette triste nouvelle, ce dernier succombant sous le poids de son chagrin, se hâta de quitter le Forez et mourut bientôt en combattant les infidèles dans la Palestine.

Le sire de Grandris survécut à sa fille et bien des années après ce tragique évènement, on le vit, devenu vieillard à cheveux blancs, errer çà et là, comme une âme en peine, jurant la mort de son voisin qu'il soupçonnait de trahison. Le hasard se chargea de ce soin : le sire de Mournand périt sous les coups du châtelain de Marcilly-le-Chastel avec lequel il était en guerre ouverte.

Aujourd'hui il n'existe plus de traces de la demeure du sire de Mournand, mais on voit encore quelques rares vestiges de l'ancien château de Grandris, tels que des débris de murailles et un ancien puits presque entièrement comblé de pierres et entouré de broussailles. Serait-ce la citerne où fut trouvée la malheureuse héritière du sire de Grandris ? c'est plus que probable.

La tradition nous apprend que ce manoir fut incendié et voici la version qui existe à ce sujet.

L'un des seigneurs de Grandris ayant enlevé l'épouse d'un riche et puissant baron de la plaine, ce dernier vint camper avec cent hommes d'armes au lieu du Patural. Pendant la nuit, on mit le feu au château dans l'intention de faire périr les deux coupables dans les flammes, mais ceux-ci, soit par crainte ou par l'effet du hasard, se trouvaient absents avec leurs gens et personne ne périt dans cet incendie qui consuma entièrement le château et ses dépendances. Son propriétaire fit construire à Pramol une maison de plaisance où fut établi un intendant chargé de percevoir les redevances. Dans ce village, deux domaines considérables appartenaient, à cette époque, au seigneur de Grandris et après lui, passèrent au pouvoir du marquis de la Rochefoucauld, puis au sire de De Villeneuve de Colombette et enfin au châtelain de Marcilly.

Au commencement d'octobre 1742, la maison de Pramol fut incendiée par l'imprudence d'un voisin qui ne pu se rendre maître du feu qui avait pris à une cheminée. Le vent qui soufflait avec violence porta des étincelles dans un bûcher placé près de la maison du sire de Colombette. La flamme, activée par un nouvel aliment, se communiqua de proche en proche et bientôt le village ne fut plus qu'un immense brasier.

Les débris de la maison de plaisance et les deux domaines ont été vendus en détail moyennant 60,000 fr. en 1818 et 1819.

Bon nombre d'années s'écoulèrent avant que les seigneurs de Grandris songeassent à rétablir le château. Enfin, en 1749, l'un d'eux fit construire un petit castel avec les débris de l'ancien et y établit une petite chapelle. Cette résidence fut habitée pendant l'été jusqu'en 1789. Quatre ans plus tard elle fut pillée par les soldats envoyés à la poursuite de M. de Vaugirard et le mobilier vendu au profit de la nation.

En 1796, M. de Vaugirard reparu, à Grandris et proposa aux habitants de leur racheter ce mobilier. Cette proposition fut acceptée par la presque totalité des adjudicataires.

Le 24 septembre 1804 la propriété de Grandris fut vendue par acte reçu M° Bourboulon, à un habitant de la commune, et sa famille l'habite encore aujourd'hui.

La maison de plaisance est telle qu'elle était au moment de cette vente et l'on visite encore la chapelle où on allait en procession tous les ans, l'un des jours des Rogations et de l'octave du Saint-Sacrement. La cloche a été transportée à Vaugirard et l'autel placé dans l'église paroissiale de Saint-Bonnet.

Nous retrouvons des titres nombreux établissant d'une manière irrécusable l'étendue et la consistance des domaines possédés jadis par les seigneurs de Grandris dont un descendant, M. de Lescure, habite aujourd'hui le château de Vaugirard, près Chandieu.

En 1754, messire Denis Girard, écuyer, seigneur de Vaugirard, Grandris, Colombette et autres places, résidant alternativement à Grandris et à Vaugirard, afferma la dîme qui lui était due par les habitants de Trémollin.

Le 20 novembre 1787 il fournit de nombreux cheptels à ses redevanciers, et en 1759 et en 1760 on le voit affermer la dîme des villages de Loibe, Germagneux, Lachaize, Faverge et le Sapt.

M. de Vaugirard donna la prébende de Grézieu à M. Murat, prêtre à Saint-Bonnet, prébendier de l'église collégiale de Montbrison, pour le récompenser des soins qu'il en avait reçu pendant une longue maladie. Possesseur de la totalité du village de Trécisse, il en forma trois domaines qui furent affermés en 1766, 1768 et 1777.

A l'ouverture des états généraux, messire Jean-Baptiste Girard de Vaugirard, baron, seigneur de Grandris, Saint-Just-en-Bas et Colombette, maréchal de camp des armées du roi, fut obligé de se rendre à Paris. Avant de quitter Grandris, il fit de nombreuses coupes de bois dans le voisinage du Lignon. Echappé miraculeusement des mains des septembriseurs, il revint en 1794 à Grandris et y afferma les domaines des Arnauds.

Le dernier propriétaire de Grandris fut donc sire Jean-Baptiste de Vaugirard, fils de Pierre de Vaugirard et de Jeanne Papon. Il détenait ces biens, en qualité d'héritier testamentaire de Denis Girard, écuyer, héritier pour partie, de Pierre Clément Girard de Colombette, connu par ses folles dépenses et l'originalité de son caractère.

Ce dernier fit plusieurs legs aux pauvres de diverses communes et institua pour son légataire universel, Pierre de Vaugirard, son fils. Dans son testament il stipula que dans le cas où son fils décèderait sans enfant mâle, ses biens passeraient à la famille de Vaugirard qui habitait le Lyonnais et le Beaujolais ; et s'il n'y avait pas d'enfant mâle dans cette souche, il voulait qu'ils appartinssent à une famille Girard de l'Auvergne. En un mot, l'intention du testateur était que sa fortune fût administrée par l'un des membres de la grande famille de Vaugirard et surtout qu'elle ne tombât pas en quenouille.

Le baron Jean-Baptiste de Vaugirard embrassa la carrière militaire dès sa jeunesse et on l'a vu maréchal de camp à l'époque de la grande révolution. En 1791, il vint passer en revue la garde nationale de Saint-Bonnet qui formait deux compagnies d'infanterie. Il fut agréablement surpris de voir de simples paysans bien équipés et admirablement exercés au maniement des armes.

Sous l'Empire, il fut nommé officier supérieur, commandant les forces militaires de la Loire et il occupa cette place jusqu'à son décès.

On prétend que pendant une année de disette, un seigneur de Vaugirard distribua aux malheureux toutes les récoltes qu'il avait entassées dans ses greniers. Informé de ce fait, le roi lui octroya le droit de mettre trois épis de blé sur son blason, en mémoire des bienfaits qu'il venait de répandre dans le pays.

On voit ce blason à Pramol, Grandris, et à Lachaize-Truchard. Les pierres où se trouvent gravées ces armes à Pramol, sont à l'aspect du levant et du midi de la maison du sieur Pirel et elles ont été découvertes dans les ruines de l'ancienne maison incendiée des seigneurs de Vaugirard.

Ces armes étaient d'azur à trois épis d'or au chef cousu de gueules, chargé de trois roses d'argent avec cette devise : *Spes altera vitæ*.

Celles trouvées à Pramol ont pour supports deux anges avec cette devise : *Flores honoris fructus mei* (les fleurs de l'honneur sont mes fruits.) Par extension on peut encore interpréter ainsi cette devise :

« Je porte sur mes armes les fleurs de
« l'honneur (des roses) et mes fruits (des épis
« de blé).

GÉNÉALOGIE DES GIRARD

SEIGNEURS DE VAUGIRARD, GRANDRIS, TRÉCISSE,
COLOMBETTE, BEAUVOIR, ROCHE
ET SAINT-GEORGES (*)

Ier DEGRÉ

Jacques Girard, dit le Vieux, riche marchand bourgeois de Montbrison, mort en 1593, eut d'un premier mariage inconnu :

1° Jacques qui suit ;
2° Ogier Girard, marchand, qui épousa Ennemonde Pelisson ;
3° Etienne Girard, chanoine de Notre-Dame, en 1588 ;

Il se remaria à Catherine Roulandon et en eut deux filles :

(*) Cette généalogie nous a été communiquée par M. L.-Pierre Gras, archiviste de la *Diana*. Nous y avons ajouté les documents que nous avons personnellement recueillis.

1° Françoise, 1581 ;

2° Catherine, 1582.

IIme DEGRÉ

Noble Jacques Girard, dit le Jeune, fut successivement marchand, receveur des tailles, puis conseiller du roi et élu en l'élection de Montbrison, seigneur de Grandris et Trécisse en 1588. Il épousa d'abord D^{lle} Anne Boulier et en secondes noces Anne Pouderoux, en 1582.

Ses enfants furent :

1° Jacques qui suit ;
2° Messire Mathieu Girard, né en 1593, mort en 1665, protonotaire du Saint-Siège, chanoine et doyen de l'église collégiale de Notre-Dame de Montbrison. Il fit diverses réparations à son église et y établit la confrérie des Morts ;
3° Etienne, 1586 ;
4° Jeanne, 1581 ;
5° Louis, 1583 ;
6° Pierrette ;
7° Fleurie, 1587 ;
8° Mathieu Girard, seigneur de Tiranges, épousa D^{lle} d'Anthome :
  A. Claude, 1628.

IIIᵐᵉ DEGRÉ

Noble Jacques Girard, écuyer, seigneur de Trécisse, Grandris, Vaugirard, mourut avant son frère Mathieu et fut inhumé au tombeau de sa famille dans l'église de Notre-Dame. Il fut président au siège présidial de Montbrison. Il épousa en premières noces Antoinette Fourtune ;

D'où : 1° Jacques-Mathieu ;

2° Jean-Baptiste ;

3° Jacques Girard, avocat, juge de Boen, en 1660 ;

4° Antoine, curé de Boën ;

5° Anne ;

La deuxième femme fut Catherine Navergnon, fille de Claude, bourgeois de Lyon et d'Isabeau Viau ;

D'où 1° Isabeau ;

2° Pierre, qui suit ;

3° Jean, 1634 ;

4° Marie, non mariée ;

5° François Girard de Colombette ;

6° Catherine-Charlotte, née en 1642 et mariée à Claude de Larochefoucaud, écuyer, seigneur de Villeneuve.

IV.ᵐᵉ DEGRÉ

Noble Pierre Girard, écuyer, seigneur de Vaugirard et Grandris, capitaine au régiment d'Auvergne, capitaine-major de dragons au régiment de la Lande, épousa en 1654 Dᶦˡᵉ Jeanne Papon

D'ou 1° Marie-Isabeau 1655 ;
2° Elisabeth, née en 1657, morte en 1727, religieuse à l'hôpital de Montbrison ;
3° Mathieu, 1659 ;
4° Catherine, 1661 ;
5° Marie-Eléonore, 1663, mariée à noble Jean de La Mure, en 1699 ;
6° Jacques, 1664 ;
7° Charles, 1669 ;
8° Jeanne, mariée en 1696, a noble Aymard Chapuis de Lustrac.

V.ᵐᵉ DEGRÉ

Noble Charles Girard, seigneur de Vaugirard et Grandris, épousa en 1699, Dᶦˡᵉ Marie-Anne de La Mure, née en 1680, décédée en 1762 :

D'ou : 1° Pierre, 1700
2° Jeanne, 1702, mariée en 1718, à noble François du Rozier ;
3° Jeanne, 1703 ;

4° Antoinette, née en 1705, décédée en 1733 ;

5° Germaine, 1709 ;

6° Antoine, 1712, décédé en 1714 ;

7° Denis, écuyer, seigneur de Grandris né en 1713.

VIme DEGRÉ

Noble Denis de Girard, chevalier de Grandris et le Sauvage sans alliance.

SEIGNEURS DE VAUGIRARD

IVme DEGRÉ

Noble Jacques ou Jacques-Mathieu Girard, écuyer, conseiller et procureur du roi, épousa D^{lle} Isabeau du Cognet ;

D'où. 1° Jacques-Mathieu, 1644 ;

2° Gabrielle, 1646 ;

3° Jeanne-Sybille 1648 ;

4° Claude 1849, suit ;

5° Pierre-Roch, 1650 ;

6° Jacques-Ennemond, 1651 ;

7° Jacques-Mathieu, 1652 ;

8° Marie-Toussainte, 1657.

Vme DEGRÉ

Noble Claude Girard, écuyer, seigneur de Grandris, Colombette, mort en 1700, épousa en 1682, Antoinette Puy du Périer, morte en 1727;
D'ou: 1° Pierre qui suit ;

2° Catherine, mariée à son cousin Pierre de Girard ;

3° Marie, mariée au sieur de Chazourne.

VIme DEGRÉ

Noble Pierre Girard, écuyer, seigneur de Vaugirard, épousa en 1728, Claudine de la Valette ;
D'ou: 1° Catherine, 1729 ;

2° Marie-Guillaume, 1736 ,

3° Jean-Baptiste, 1735 ;

Il se remaria en 1739, avec Dlle Marie de Chavagnac ;

4° Denis.

VIIme DEGRÉ

Noble Jean-Baptiste Girard, baron de Vaugirard, chevalier, seigneur de Vaugirard, Colombette, Saint-Bonnet-le-Courreau, Saint-Just, Grandris, brigadier des armées du roi, lieutenant-colonel du Royal-Roussillon, infanterie, mort en 1819, à 84 ans. Il épousa en garnison à Schirbourg, en 1767, D^lle Marie-Louise Tardy de Rhins ;

D'où. 1° Jeanne-Marie, 1769 ;
2° Jean-Jacques-Pierre, 1770 ;
3° Jean-Jacques, 1771 ;
4° Catherine-Gabrielle.

VIIIme DEGRÉ

Mlle Catherine-Gabrielle Girard, baronne de Vaugirard, épousa en premières noces noble Christophe de la Pierre de Saint-Hilaire, mort en 1804, et en deuxièmes noces, M. Jean-Charles-François de Lescure, père de M. le marquis actuel Jean-Baptiste Valdek de Lescure.

SEIGNEURS DE COLOMBETTE

IVme DEGRÉ

Noble François Girard, écuyer, seigneur de Colombette, capitaine chatelain de Chambéon, mort en 1693, à 56 ans. Il épousa D^lle Marie-Anne Durdilly ;

D'où : 1° Jacques-André, 1672, qui suit ;
2° Catherine-Charlotte, 1671 ;
3° Elisabeth, 1673 ;

4° Claudine, mariée en 1697 à Pierre-André Crépet ;

5° Marie, mariée à Jean-Joseph de La Mure de Magneux.

Vme DEGRÉ

Noble Jacques-André Girard, écuyer, mort en 1710, épousa D^{lle} Catherine Dupuy, 1682-1746 :
D'ou : 1° Pierre qui suit ;

2° Germaine, 1709.

VIme DEGRÉ

Noble Pierre Girard, écuyer, épousa en 1729, D^{lle} Catherine-Charlotte Girard, fille de Claude et d'Antoinette Puy du Périer.

SEIGNEURS DE BEAUVOIR

IIIme DEGRÉ

Noble Etienne Girard, conseiller et procureur du roi, épousa en 1605 D^{lle} Jeanne du Sauzey ;
D'ou : 1° Jacques qui suit ;

2° Catherine, mariée à noble François Papon ;

3° Ennemonde, mariée à noble Simon Ollagnier ;

4° N. Girard eut un fils :

A. N. Girard qui était chatelain de Bresse en 1650.

IVme DEGRÉ

Noble Jacques Girard, écuyer, épousa Anne de Chatillon ;

D'où : 1° Gilbert qui suit ;

2° Jacques, mort en bas-âge ;

3° Peronne, mariée à noble Antoine de Rochefort ;

4° Gilberte, religieuse.

Vme DEGRÉ

Noble Gilbert Girard, écuyer, premier capitaine de grenadiers au régiment Lyonnais, épousa D^{lle} Jeanne Reynard de St-Ange ;

D'où : 1° Jean-Claude, 1679 ;

2° Jeanne-Marie, mariée en 1708, à noble X... Ramey ;

3° Etienne, 1684, qui suit ;

4° Marianne 1691 ;

5° François ;

6° Jeanne-Marie, 1700 :

VIᵐᵉ DEGRÉ

Noble Etienne Girard, écuyer, seigneur de Beauvoir et d'Essertine, capitaine au régiment du Lyonnais, puis lieutenant général d'épée, mort en 1729, à l'âge de 45 ans. Il avait épousé en 1711, Etiennette de Mazenod ;

D'où. 1° Claude-Jean, 1712 ;
  2° Jacques, 1713.

SEIGNEURS DE ROCHE

Vᵐᵉ DEGRE

Noble Pierre de Girard, écuyer, seigneur de Roche, mort en 1703, épousa en 1684, Dˡˡᵉ Claudine Donis, fille de Hugues et de Jeanne Pourrat ;

D'où : 1° Catherine-Charlotte, 1784 ;
  2° Pierre-Antoine, 1685, épousa Jeanne Lecuyer ;
  3° Antoine, 1687 ;
  4° René, 1689 ;
  5° Louise, 1690-1693 ;
  6° François, 1691-1693 ;
  7° Jean-Pierre, 1692 ;

8° Jeanne, 1693 ;

9° Jean-Pierre, 1695 ;

10° Claude, 1696 :

11° Antoine, 1698 :

12° Catherine, 1699 ;

13° Jacques, 1701-1740, épousa Marie Quérant ;

D'ou : A. Jean-Pierre, 1738 ;
B. Georges, 1739-1740.

VIme DEGRÉ

Noble Jean-Pierre de Girard, écuyer, épousa en premières noces Marie Lafond ;

D'ou : 1° Jeanne-Marie, 1712-1713 ;

2° Antoinette, 1713 ;

3° Jean-Baptiste, 1714,

En deuxièmes noces Jeanne Charles :

D'ou 4° Jeanne, 1724-1727 ;

5° Charles, 1726-1728 ;

6° Jean-Pierre, 1729 :

7° Thomas, 1730,

En troisièmes noces Catherine Joannin :

D'ou 8° François, 1742 ;

9° Claude, 1764.

SEIGNEURS
de
SAINT-GEORGES-EN-COUZAN

IVme DEGRÉ

Noble Jean-Baptiste Girard, écuyer, seigneur de Saint-Georges-en-Couzan, épousa Jeanne de Fontbonne, veuve en 1685 ;

D'ou : Mathieu, 1664.

COURREAU

Il y eut sous la deuxième race des comtes du Forez un fief d'une certaine importance au village de Courreau. En 1441 noble Antoine Gaudet prêta foi et hommage pour cette propriété qui appartint plus tard à des religieux qui y établirent un petit couvent ou un prieuré. On retrouve un acte daté du 15 juillet 1502 contenant une transaction, passé devant Messire Thomas Thivet de Courreau, prêtre et notaire de la cour officiale de Lyon, qui fut choisi comme médiateur des contestations, relatives à la jouissance de la forêt de Chorsin et autres communaux, qui s'étaient élevées entre divers habitants de la Valbertrand et les religieux de ce prieuré. Dans cet acte intervinrent les religieux Pierre David de Montbrison, noble André de Chatillon et le prieur don de la Bastie.

Par acte reçu M° Forestier, notaire en date du 6 août 1670, Messire de Chatillon donna au prieuré les biens considérables qui lui appartenaient dans l'étendue de la commune. Ceux-ci passèrent dans les mains des Oratoriens de Montbrison et ensuite à Messieurs les Doyens, chanoines du chapitre de l'église royale et collégiale de Montbrison, seigneurs de Moingt et Magneux-Haute-Rive. Dans la suite ils furent saisis comme domaines nationaux et vendus au district le 16 juin 1796.

Dès avant cette époque, on y voyait une chapelle qui fut bâtie par M. Michel Plagneux, curé de Saint-Bonnet, titulaire de la prébende des Plagneux et des Nermonds. Elle fut construite, en 1578 par un sieur Louis Bergier qui régla les clauses du devis par acte du 22 septembre de la même année. Cette chapelle fut consacrée par Messire Jacques Mestre, suffragant de Lyon qui la dédia à Saint-Roch, Sainte-Geneviève et Sainte-Barbe. Messire Plagneux y fit placer une cloche du poids de 250 livres; En 1726 elle fut refondue aux frais des héritiers Plagneux.

Pendant onze ans le fondateur y célébra la messe, jusqu'à l'époque de son décès. Par son testament reçu M⁰ Monate, il légua cette chapelle à sa famille.

Dans cet acte il stipula : que dans le cas où cet édifice serait interdit ou tomberait en ruines, la cloche devait appartenir à l'église paroissiale de Saint-Bonnet. Afin de pourvoir au service du culte, il établit une rente qui fut affectée et imposée sur un pré dit le Clou. Le testateur légua en outre une pension perpétuelle qui lui était payée par un sieur Martin de Chavanne.

Par acte du 8 novembre 1651, Messire Pierre Durand, curé de Champdieu, donna, pour l'entretien de la chapelle de Courreau, un pré qu'il avait acquis des héritiers Forestier. En 1687, sur les plaintes du pasteur de la paroisse, on établit des fossés autour des murs, pour assainir ce petit monument qui attirait un grand concours de fidèles.

En 1740 Messire Jean Démier, alors curé de la paroisse, ayant cessé de célébrer les offices habituels, sous le prétexte que le jour de Saint-Roch les habitants se réunissaient plutôt pour se livrer à la débauche et à l'ivrognerie que pour intercéder le ciel, une plainte fut déposée à l'archevêché. Une instruction eut lieu et eut pour résultat la célébration des offices, comme par le passé.

En 1762 un sieur Pierre Plagneux ayant voulu vendre la cloche et les vases sacrés, Messire Démier et les marguilliers de la paroisse présentèrent requête au bailli du Forez. Il intervint alors une ordonnance signée De Meaux qui enjoignit au spoliateur de rendre les objets enlevés et de faire toutes les réparations nécessaires à la chapelle.

Au moment de la révolution tous ces objets précieux furent soigneusement cachés et en 1802 ils furent restitués avec empressement.

En 1838, M. Catet, vicaire général, faisant une inspection des églises, visita cette chapelle et la trouvant en mauvais état, l'interdit provisoirement. Aujourd'hui on y célèbre encore la messe et l'on continue de s'y rendre en procession chaque année.

Le hameau de Courreau a donné le jour à Messire Jean, juge du Forez en 1274, l'un des prédécesseurs de Pierre Rochefort, bailli à Montbrison.

Avant 1790, les habitants de ce hameau payaient, outre les impôts ordinaires, différentes redevances savoir : la dîme au curé de Saint-Bonnet, des rentes au prieur de Marcilly, des cens et servis au seigneur de la Garde et à la prébende des Charpins. Madame de Challay posséda dans cette localité plusieurs propriétés.

Près de Courreau se trouve la montagne du Roché ou de Courreau qui avant 1790 formait un immense ténement de bois et bruyère appartenant à la couronne qui l'abénévisa aux habitants de ce village moyennant une redevance. Impuissants à supporter cette charge, ils se réunirent à d'autres paysans de la Valbertrand et obtinrent des lettres patentes, datées du 15 mars 1566, pour en jouir en commun. Une partie de ce ténement fut défriché et, en 1802, défense fut faite, par l'administration supérieure, de continuer les travaux.

PIERRE-SUR-HAUTE ET LES JASSERIES

L'histoire de Pierre-sur-Haute qui s'écrit aussi Pierre-sur-Autre, est peu connue et rien ne révèle l'étymologie de ce nom qui peut provenir du latin : *Petra super alteram...* Les rochers, amoncelés les uns sur les autres, de cette montagne, ont bien pu lui faire donner ce nom qui nous parait néanmoins peu ancien.

Cette explication plausible, ne serait pas sans fondement, si l'on songe au bloc de granit placé jadis sur le sommet, et qui ne serait pas autre chose qu'un *Dolmen* druidique ou autel gaulois.

Quelques érudits prétendent que ce rocher était une pierre probatoire, semblable à celles qui existent encore en Auvergne.

On sait que les Druides étaient tout à la fois prêtres, sacrificateurs et magistrats et qu'il rendaient la justice auprès de ces monuments. Les Gaulois comptaient trois classes de Druides ; les Bardes, les Ovates et les Druides proprement dits. Les Bardes étaient les poëtes, les Ovates des devins chargés du culte et les Druides des arbitres de la guerre et de la paix.

Les Gaulois, dit César, « croyaient ne pouvoir « se racheter de la peine dûe à leurs fautes, « que par des sacrifices expiatoires, par la « substitution d'une victime immolée à leur « place.

Or, ces sacrifices se faisaient sur de grossiers autels de granit : les victimes étaient des malfaiteurs condamnés à mort ou des prisonniers de guerre. Les criminels réservés au sacrifice étaient placés sous la garde des Druides et au jour indiqué le condamné était étendu sur le Dolmen (*). Le chef des sacrificateurs tourné vers l'orient, invoquait la lumière du soleil, l'Ovate frappait ensuite avec un couteau de pierre, et, au bruit des voix et des instruments des Bardes, il interrogeait l'agonie du supplicié.

Une notice faite par M. Jacquet, ce modeste érudit, dont les heureuses découvertes jettent une lumière sur l'histoire de nos localités, me servira à démontrer que Pierre-sur-Haute a peut

---

(*) *Dol* table *men* pierre.

être porté autrefois le nom de Montherboux (*Mons herbosus* — montagne aux pâturages).

En voici la teneur :

« Il y eut au moyen-âge jusqu'à trois châteaux
« sur le territoire de la commune de Sauvain voisine
« de celle de Saint-Bonnet. L'un à l'emplacement où
« est aujourd'hui l'église et qui a été possédé par une
« branche des Damas-Couzan.

« Un propriétaire du hameau de la Roue, découvrit
« dans l'un de ses fonds une partie des fondations du
« second château que l'on désigne sous le nom de
« Chorsin.

« Enfin le troisième s'appelait le château des
« seigneurs de Montherboux. Cette seigneurie fut
« ainsi nommée à cause de l'excellence des pâturages
« de la montagne qui en dépendait.

« Depuis la ruine du château jusqu'en 1744, la
« justice fut ambulatoire et s'exerça soit au hameau du
« Mas, soit à celui du Goure. Outre ses revenus parti-
« culiers, cette seigneurie possédait sur la paroisse de
« Sauvain et celle de Saint-Bonnet une rente noble.
« Le seigneur devait fournir annuellement 16 bois-
« seaux de blé aux pauvres de sa terre, une rente de
« 16 livres 10 sols aux pères cordeliers de Mont-
« brison et celle de 2 livres à l'église de St-Pierre de
« cette ville. Pendant le XIVe siècle la seigneurie de
« Montherboux appartint aux seigneurs de Rochefort,
« après lesquels elle passa dans le siècle suivant, à des
« membres de la famille de Lavieu qui étaient sei-
« gneurs de Roche-la-Molière, de Poncins et de
« Palogneux. En 1496, Dauphin d'Augerolles, seigneur
« de Saint-Polgues, ayant épousé Anne de Saint-

« Germain, veuve de Guillaume de Lavieu, la sei-
« gneurie fut ainsi possédée par la famille de St-
« Polgues jusqu'en 1557, époque où Antoine de Saint-
« Polgues la vendit à Jacques de Paulat. Celui-ci vers
« 1580 donna par testament la seigneurie de Monther-
« boux à Sybille de Châtillon, dont la famille la pos-
« séda jusqu'à Gilbert de Camus. Après Sybille ce fut
« Balthazard de Châtillon, Annet de Châtillon, puis
« Claude de Camus qui en 1679 avait épousé Anne-
« Jacqueline de Châtillon. En 1744 la seigneurie de
« Montherboux fut réunie, en partie, à celle de Chal-
« mazel. Les deux derniers seigneurs Louis II et César
« Marie de Talaru l'ont gardée jusqu'à l'extinction de la
« féodalité. »

C'est en 1738 que la seigneurie de Montherboux passa définitivement dans la famille des
Talaru qui en possédait déjà une partie. En effet
le 5 novembre de cette année, noble dame Marie-
Joséphine de Punctis de la Tour, veuve de
Messire Gilbert de Camus de Châtillon, chevalier,
seigneur de la ville et prévôté de Boën, Palogneux et Chourigneux, vendit par acte reçu M^{es}
Thevet, notaire à Saint-Bonnet et Ferrand,
notaire à Boën, sa seigneurie de Montherboux,
à haut et puissant seigneur Louis de Talaru,
chevalier, marquis de Chalmazel, comte de Cha-
marande, brigadier des armées du roi, gouver-
neur, pour sa majesté, des villes de Phalsbourg
et Sarrebourg, conseiller d'état, premier maître
d'hôtel de la reine à Versailles.

Dans cet acte il est dit « que ladite dame vend
« audit seigneur, libre de tous douaires, la
« terre et seigneurie de Montherboux, pour
« tout ce qui se trouve dans la paroisse de
« Sauvaingt, consistant en lods, doublement de
« cens, justice haute, moyenne et basse, le
« bâtiment seigneurial couvert en tuiles sis au
« village du Mas, les bois communaux et sur-
« tout la haute montagne dépendant de cette
« terre, moyennant 16,000 livres.

De ce qui précède, il résulte que Pierre-sur-Haute qui formait la majeure partie de cette seigneurie, pouvait, avant cette époque, porter le nom de Montherboux, comme le surplus du fief.

Dulac, Duplessis, Cassinir et le savant Grüne, donnent ce nom à Pierre-sur-Haute et ne l'appellent jamais autrement.

Nous sommes donc tenté d'adopter cette opinion qui n'est, toutefois, qu'une présomption d'auteur.

Les montagnes du Forez s'étendent depuis Cusset jusqu'à Monistrol ; c'est une chaîne de cent dix kilomètres et elles se composent d'une succession de chaînons parallèles entr'eux.

Vu de loin, cette chaîne de montagne ressemble à une large croupe à dos arrondi, dont les flancs s'abaissent *régulièrement* en pente douce des deux côtés de la ligne de faîte. Cependant cette chaîne, qui paraît si mollement ondulée, est sillonnée transversalement par un grand nombre de gorges très sinueuses, sortes de déchirures où se montrent à nu les rochers. Elles sont généralement étroites et profondes, et leurs parois souvent hérissées de crêtes et de dentelures. Cette structure singulière semble caractériser d'une manière spéciale les montagnes granitiques du plateau central.

Le chaînon le plus important est celui au pied duquel est bâti Montbrison. Il correspond au centre du groupe, et passe par Pierre-sur-Haute, la cime la plus élevée du département.

Depuis ce sommet, il conserve au Sud-Est, jusqu'à Verrières, une hauteur moyenne de treize à quatorze cents mètres, puis il s'abaisse graduellement.

Au Nord-Ouest, le massif baisse rapidement dans la direction de Courpière et au Nord les montagnes se perdent dans la plaine de la Loire. Au Sud elles se rattachent au plateau élevé de la Haute-Loire et de l'Ardèche dont le point culminant est le mont Mézenc.

La ligne de faîte s'élève en proportion de la largeur du massif; elle augmente à Pierre-sur-

Haute et atteint à ce point le maximum de la hauteur, soit seize cent quarante mètres au-dessus du niveau de la mer, ou douze cent soixante-dix mètres au-dessus de la plaine du Forez.

« Au point de vue minéralogique, dit M. Grüner,
« ingénieur en chef au corps impérial des mines, les
« monts de Pierre-sur-Haute et ceux environnants,
« offrent le même type que ceux de Saint-Bonnet-le-
« Château. On y retrouve à chaque pas, le granit
« friable à grains fins, à mica noir et ses congénères.
« Au sein de la roche dominante se montrent les mê-
« mes accidents et les mêmes masses surbordonnées,
« peu différentes entr'elles.

H. du Lac de la Tour avait dit avant lui :

« La commune de Saint-Bonnet-le-Courreau présente
« de gros blocs de granit micacé primitif, composé de
« quartz et de feldspath, recelant tantôt de petits gre-
« nats, tantôt du schorl noir en aiguilles ou du basalte
« granuleux. »

Après deux heures de marche, à partir de Saint-Bonnet-le-Courreau, on arrive près de la montagne de Pierre-sur-Haute qui se développe insensiblement devant le voyageur.

Une pelouse unie couvre son front et le terrain, divisé par zônes légèrement arrondies, court du Sud au Nord, puis s'incline, par deux pentes opposées, l'une vers le département du Puy-de-Dôme, l'autre vers celui de la Loire.

A mesure que l'on s'approche, le mont devient plus pénible à escalader. Tout semble alors changé dans la nature : les sons frappent les oreilles d'une manière nouvelle ; à la chaleur de la plaine succède une température plus froide.

Enfin, quand on a fini de franchir quelques sinuosités, on se trouve en présence d'une masse énorme de rochers : c'est Pierre-sur-Haute qui semble sortir de terre tout d'une pièce.

Là, l'horizon est sans bornes. D'un côté les montagnes du Dauphiné, le mont Blanc et les Alpes semblent toucher le ciel à l'orient ; de l'autre se dressent le Mont-d'Or à 1886 mètres au-dessus du niveau de la mer, le Cantal 1858 mètres, le Mézenc 1774 et enfin le Puy-de-Dôme semblable à un tumulus élevé près des ruines de Gergovia.

La perspective qui se déroule sous vos yeux, imprime je ne sais quel plaisir indéfinissable qui n'a rien de terrestre. Homme du monde, croyant ou sceptique, qui que vous soyez, ce spectacle vous charmera et il vous sera impossible de nier l'existence du créateur de tant de merveilles, Son nom n'est-il pas écrit en lettres d'or sur la voûte azurée du ciel et en caractères de granit sur le sommet de cette haute montagne ?

Bien des personnes vont en Suisse contempler des sites pittoresques, sans songer que dans notre département, on en trouve peut-être d'aussi ravissants, sinon d'aussi nombreux.

Au levant, se déploie la plaine du Forez avec son fleuve qui ressemble à un ruban lumineux, et au couchant la Limagne avec ses champs si fertiles, ses riantes bourgades, mignatures charmantes, oasis éloignés au milieu d'une luxuriante végétation.

En abaissant ses regards autour de soi, on distingue des monticules couverts de bois, qu'à leur rapprochement et à leurs formes bizarres, on prendrait pour d'immenses ondulations d'une mer de verdure aux vagues immobiles.

D'immenses pâturages s'étendent sous vos pieds et forment un riche tapis où s'agitent lentement des troupeaux de vaches laitières.

Une neige abondante couvre hélas ! ces monts, pendant plusieurs mois de l'année, mais au printemps, ils se parent de l'herbe la plus touffue et la plus émaillée de fleurs ; c'est l'humble violette, la pensée sauvage, le pied de chat, la marguerite, la primevère, le perce-neige, la jacynthe, l'œillet et le muguet des prés. L'herboriste peut y trouver une infinité de simples et de plantes les plus variées telles que la gentiane officinale, l'arnique, l'aigremoine, l'orchis violacé, la digitale aux clochetons amaranthes, la réglisse, l'ellébore pied de griffon, la mélisse des Alpes, le grand séneçon, la verge d'or, la valériane, le pied de lion argenté, le lys martagon, la saxifrage blanche, la saponaire, l'oreille d'ours, l'aconit tue-loup, l'herbe aux gueux et mille autres qu'un botaniste peut seul connaître et découvrir.

Le mérite des productions végétales de cette montagne ne peut et ne doit être attribué qu'à la température. La nature du climat, dans ces lieux, dépend du degré d'élévation, de l'exposition du sol, de la quantité et de la qualité des eaux.

Les fruits de la nature, ainsi que les dons de l'esprit, ne se développent et n'acquièrent la perfection dont ils sont susceptibles, qu'autant qu'ils sont placés dans le milieu qui leur est propre.

Parmi les végétaux, un grand nombre se plait dans les climats tempérés; les uns veulent la zône torride, les autres l'exposition la plus froide. Les hautes montagnes paraissent tenir de toutes ces espèces de climats. Le froid y domine, mais on y éprouve successivement des variations inconnues ailleurs. En automne et en hiver, le soleil, quand il luit, s'y fait plus vivement sentir, et pendant qu'il brille sur leurs sommets, la plaine est couverte de brouillards qui la font ressembler alors à une mer houleuse. Dans l'été, après avoir éprouvé la plus forte chaleur pendant le jour, cette haute montagne est exposée, pendant la nuit, à un froid quelquefois très aigü. Mais d'un autre côté, si le froid est plus long et plus vif en hiver, les neiges amoncelées, maintiennent les semences et les plantes dans une douce température. Pendant la canicule, les rayons du soleil sont d'autant plus ardents, que la distance est moindre, son action moins interrompue. Mais quelle que soit la sérénité du ciel, il est peu de jours où l'on puisse se flatter d'avoir une chaleur constante et égale. Une vapeur épaisse, un brouillard humide viennent subitement répandre, au milieu de la plus belle journée, de sombres et froides ténèbres dans notre commune. Que la pluie, qu'un orage succède, bientôt le froid se fait sentir : il est même plus sensible parcequ'il est plus prompt. Aussi faut-il choisir des jours purs et sereins pour entreprendre le voyage de Pierre-sur-Haute, sans quoi on n'éprouvera que de la fatigue et du désenchantement.

De cette vicissitude de température résulte un climat particulier qui n'appartient qu'aux montagnes élevées. Il constitue un sol spécial et semble changer les lois mêmes de la végétation, en contraignant les plantes de se développer, de croître, de fructifier, dans un très court espace de temps. Néanmoins ce climat convient tellement à plusieurs productions végétales, qu'il devient impossible de les cultiver dans les jardins. L'art parvient à suppléer à la chaleur, à l'ombrage, à l'humidité, mais il ne peut imiter l'inconstante température des lieux élevés.

« *In magnis montibus, omnis ferè generis*
« *plantas nasci certum est, scilicet ratione varie-*
« *tatis locorum.*
                              « Théophraste »

Il existe peu de données sur la température moyenne des montagnes de la commune de Saint-Bonnet-le-Courreau, et il est même difficile de l'apprécier approximativement. A défaut de mesures précises, dit un géologue du département, il convient de rappeler ces principes généraux :

« La culture du seigle s'élève jusqu'à une
« hauteur de mille mètres. Au delà viennent les
« pâturages, les bruyères et les forêts. A partir
« de treize cents mètres on rencontre les plantes
« et la végétation subalpines. »

Il résulte d'observations faites dans nos localités, que les vents du Nord et du Nord-Ouest soufflent plus spécialement et sont surtout plus persistants au printemps, tandis que les vents du Sud et du Sud-Ouest règnent plutôt en été et en automne. Les pluies sont principalement amenées dans la région qui nous occupe, par les vents du Sud ou du Sud-Ouest. Tant que ces vents durent, les pluies sont fines et chaudes; elles deviennent froides et abondantes lorsque le vent tourne à l'Ouest et au Nord-Ouest. En automne, lorsque le temps est calme, sec et froid, les brouillards envahissent la plaine et ne se dissipent que vers le milieu ou à la fin du jour.

Ainsi on voit souvent en octobre, novembre et décembre, un ciel serein à Saint-Bonnet, tandis que les plaines du Forez, de Roanne et du Rhône, sont plongées dans l'obscurité. Un phénomène directement inverse se manifeste lorsque, dans la saison froide, l'atmosphère est humide et agitée, surtout lorsque le vent souffle de l'Ouest ou du Nord-Ouest. Alors, l'air chaud du pays bas, chassé dans nos montagnes, s'y refroidit, les vapeurs se condensent et se forment rapidement, pendant que Montbrison jouit d'un ciel simplement nuageux ou légèrement brumeux. Enfin, en été, quand la haute crête de Pierre-sur-Haute est coiffée de nuages, il est à peu près certain que la pluie arrivera bientôt.

M. Théodore Ogier a dit, dans la France par cantons, que du sommet de Pierre-sur-Haute on peut distinguer dix-sept départements. Nous croyons cette assertion un peu hasardée, car si, de ce point culminant, la vue s'étend fort au loin, il n'en est pas moins vrai qu'à une certaine distance la brume empêche de distinguer les objets les plus volumineux.

On voyait encore, il y a quelques années, au point le plus élevé de cette montagne, une espèce d'observatoire qui avait été dressé lors des grands travaux qui furent faits, sous le premier empire, pour établir d'une manière définitive les longitudes et les mesures de l'arc terrestre. Ce monument fut renversé par des paysans d'Auvergne.

Un orage violent, accompagné de grêle, étant tombé sur leurs champs, ils pensèrent, mais à tort, que cette petite construction était un obstacle à la circulation des nuages et ils la démolirent, sans qu'une personne raisonnable et instruite s'y soit opposée et leur ait fait comprendre l'absurdité de leur croyance. Une seule pierre est restée pour témoigner de ce fait historique; elle porte cette inscription, à peine lisible, ainsi conçue « jonction trigonométrique de la méridienne « de Dunkerque avec le mont Blanc. Année « 1812. Napoléon Empereur. »

Les neiges qui couvrent cette montagne, une partie de l'année, forment d'immenses réservoirs d'où s'échappent des sources abondantes qui, changées en ruisseaux et en rivières, vont porter dans la plaine la richesse et la fécondité, alimenter les villes et bourgades, et favoriser l'industrie.

Si vous faites le voyage de Pierre-sur-Haute, entrez dans l'une des Jasseries de Colleigne, de Garnier ou de l'Oule : une vachère joufflue et naïve ou un robuste vacher vous feront les honneurs de leur loge. Tout leur pauvre mobilier se compose d'un méchant escabeau ou trépied dont ils se servent pour traire les vaches, de quelques vases grossiers, de la *selle aux formes,* de deux ou trois ustensiles de cuisine indispensables et enfin d'un misérable grabat.

Là, vous pourrez déguster, non pas du *vin de Pierre-sur-Haute,* comme dans certains restaurants de Paris, (*) mais un lait délicieux et très-bienfaisant.

(*) Un provincial dînant un jour chez les frères Provençaux, demanda au garçon de salle du vin de Pierre-sur-Haute. Après deux minutes d'attente on apporta effectivement un flacon décoré d'une belle étiquette portant cette inscription : Vin de Pierre-sur-Haute. Année de la comète.

« *Doux nectar des Dieux, ami de l'enfance, tu nourris le pauvre et rends la force aux convalescents.* »

Mais d'où vient ce nom de Jasseries donné aux loges et aux pâturages de ces montagnes ?

Si j'étais le dictionnaire de l'Académie je vous dirais qu'il vient à son tour de Jaz ; ce qui ne serait pas répondre. Peut-être vient-il du mot latin *Jacere*, comme qui dirait un lieu de repos, et par extension : *demeure, habitation*. En effet les Jasseries sont des *haltes* au milieu de ces déserts de bruyères.

Voici, du reste, un passage de La Mure où il est question des Jaz :

> « J'achève cette histoire anxienne du païs du
> « Forez, laquelle je n'ai pu refuser à l'amour de
> « ma patrie, et que j'ai cru devoir à l'instruction
> « du public, par où on reconnaîtra combien ce
> « païs est recommandable, la plus haute et plus
> « docte antiquité lui déférant des avantages
> « merveilleux entre les autres païs du royaume,
> « comme la nature lui faict partager avec eux
> « des singularitez assez remarquables : témoins
> « ces beaux et grands pâturages appelez les
> « jaz, où sont communes les plus rares simples
> « de la médecine, et dont ces fromages exquis
> « appelez de Roche sont les productions tant
> « estimées, etc. etc. »

Anne d'Urphé dit à son tour :

« Les hautes montagnes abondent en haut et
« très beaux sapins, ce qui est découvert de
« bois sont de très bons pâquerages et prairies
« dont ils s'enrichissent par le moyen de la
« nourriture du bestail et les fromageries de la
« montagne, y faisant les fromages à la forme
« d'Auvergne etc. »

Les Jasseries ou loges de la commune de Saint-Bonnet sont recouvertes, le plus grand nombre en tuiles, et le surplus en chaume. La garde du bétail est organisée comme un service régulier.

Un vacher expérimenté est désigné pour commander dans chaque tènement de Jasseries. On le nomme vulgairement *le Curé*. Le gouvernant est celui qui passe, en éclaireur, devant les troupeaux; *le Relevo* celui qui se tient sur les flancs, pour empêcher les vaches rebelles de trop s'écarter; enfin, le *Toucherou* est les plus jeune pâtre qui se tient à l'arrière-garde.

A l'heure fixée, le curé crie de sa plus forte voix : *Desserra, desserra*... C'est-à-dire « lâchez, lâchez les vaches. Aussitôt on voit sortir de toutes les loges les troupeaux qui se réunissent ensemble. Les trois pâtres qui sont de corvée, les conduisent alors dans la bruyère et crient aux bergers des Jasseries voisines : *Arriva, arriva, la bravarde est sur le jaz* — « venez, venez les vaches sont aux champs ». Si leurs camarades tardent à répondre, ils crieront quelquefois : *ô calos t'a perdu parole ô la la, t'a mija una grola ô la la ô la haut* — lâches, vous avez donc perdu parole, vous avez donc mangé un corbeau ?

Au retour ce sont les bergers qui avertissent de loin les vachers, afin que le troupeau puisse se désaltérer à son arrivée. On les entend alors crier : *Démena la lavaille, la bravarde va arriva.* — Préparez la lavaille, les vaches vont arriver !

A trois heures du soir, le curé annonce le moment où il faut traire les vaches, avant de les mener paître dans les *fumées*, c'est-à-dire dans les pâturages rapprochés des Jasseries. Il crie alors : *fô mouêdre, fô mouêdre, faire le tour des fumées.* — « Il faut traire et mener ensuite les vaches dans les fumées. »

Ces troupeaux sont ainsi confiés à des vachers et des vachères, depuis le six juin jusqu'au dix-huit octobre, si le temps le permet, et si « à la Saint-Luc la neige n'est pas sur le Suc. »

Ceux qui ont des granges dans la partie basse de la montagne, y font conduire leurs bestiaux, afin de faire paître les regains, avant que la mauvaise saison les contraignent de les rentrer dans l'écurie ordinaire : ce qui arrive presque toujours avant la fin d'octobre. Les formes sont vendues alors au marchand en gros qui les revend lui-même, à Montbrison, à ceux que l'on appelle vulgairement les *coquetiers* de St-Etienne.

Après Pierre-sur-Haute, l'Oule et Pilat, c'est la montagne de Garnier qui est la plus élevée de notre département. On y trouve un certain nombre de Jasseries pouvant contenir deux cent dix bêtes à cornes. l'étendue des pâturages est de deux cent quarante-un hectares.

Au XIIme siècle, cette montagne était la propriété de l'abbé du monastère de Bénissons-Dieu.

Comme les montagnes qui confinent à l'Ouest la commune de Saint-Bonnet, ont appartenu aux bénédictins de cette abbaye, il est peut-être utile de rappeler au lecteur l'origine de la Bénissons-Dieu.

Guy II, comte de Forez, fut le fondateur de deux célèbres monastères : Bonlieu près de la Bouteresse et la Bénissons-Dieu, près de Saint-Germain-l'Espinasse, qui tira son nom de l'esclamation que poussa Saint-Bernard en découvrant ce site convenable à la prière : « *Benedicamus Deo, fratres.* — Bénissons-Dieu, mes frères !

« En effet il n'était pas possible de rencontrer

« une solitude plus appropriée à la méditation.
« On est ravi lorsque des hauteurs d'Iguerande
« l'œil plonge sur ce magnifique vallon, encadré
« de vertes montagnes et arrosé par plusieurs
« ruisseaux qui se rendent dans la Loire. » (*)

Toutefois il ne reste presque plus rien d'antique dans les bâtiments de cette riche abbaye, rivale de celle de la Chaize-Dieu; mais leur vue rappelle l'homme puissant par le génie et la parole ardente, qui d'un mot émouvait les peuples, troublait les états, jetait l'Occident sur l'Orient et envoyait contre les infidèles des milliers de guerriers pour les croisades.

Saint-Bernard venait, dit-on, fréquemment dans le Forez; il affectionnait la Bénissons-Dieu et y avait placé pour premier abbé Albéric, son plus cher disciple.

En 1138, Guy II établit une riche fondation en faveur de ce monastère. Il lui donna : « les
« prés appelés de la Brosse (à Sauvain) quatre
« sestérées de terre du domaine de Linas, le
« droit de pâturage pour le bétail, depuis Sainte-
« Foix-en-Forez jusqu'à la Loire, le domaine ou
« seigneurie appelé de Riou ou *de la Roux*, une

(*) Bernard, histoire du Forez.

« maison à Montbrison ; les maz et bois dits de
« Regardière (à Saint-Bonnet-le-Courreau), et
« des pâturages s'étendant depuis la paroisse de
« Sauvaingt jusqu'à Pierre-Bazanne, plus l'ex-
« emption de laydes et péages et tous autres im-
« pôts dans ses terres, avec la permission d'ac-
« quérir toutes sortes de fiefs. »

Il résulte évidemment de ce document historique que les montagnes où se trouvent placées les Jasseries de la commune de Saint-Bonnet, ainsi que les forêts de Chorsin et du champ de la Clef, ont été la propriété des religieux de la Bénissons-Dieu.

En 1273 des difficultés s'élevèrent entre le prieur et le comte du Forez, propriétaire de la Jasserie de Pégrole, relativement à quelques limites de la montagne de Garnier. Une transaction qui eut lieu l'année suivante fixa et détermina les confins de ces tènements de pâturages.

Les Jasseries de Garnier furent abénévisées le 15 octobre 1733 à un sieur Mathieu Spéry, par les religieux de la Bénissons-Dieu.

Comprises, au moment de la révolution, dans les biens nationaux, elles en furent distraites par un arrêté du directoire du département de Rhône-et-Loire, rendu le 1ᵉʳ septembre 1791.

sur la proposition et l'avis du directoire de Montbrison en date du 23 juin de la même année.

Les sieurs Giraud, Simon, Rondel, Guillot et autres représentants du sieur Mathieu Spéry, furent maintenus dans la libre possession de leurs droits qui résultaient de l'acte d'abénévis précité.

En 1821, quelques individus mal intentionnés ou par esprit de jalousie, incendièrent la bruyère qui couvrait cette montagne. Le feu consummait les herbes depuis cinq jours quand on vit accourir les habitants de la commune de Roche qui, craignant pour leurs jasseries, s'empressèrent d'arrêter les progrès de ce feu lent, mais dangereux, qui aurait pu dévorer les loges sur son passage.

Il existe dans la montagne de Gourgon un ruisseau abondant qui prend le nom de petit Lignon. Ce sont ces mêmes eaux qui sont d'une précieuse ressource pour la ville de Montbrison, qui les prend au moyen d'un canal appelé Béal-Comtal, à l'angle Sud-Est du pré les Planches.

La tradition nous apprend d'où vient ce nom de Béal-Comtal.

En 1580, année de grande sécheresse, l'eau devint insuffisante pour faire tourner les meules à grain et alimenter les fontaines de Montbrison. Anne d'Urphé, alors bailli du Forez, fit faire des

recherches pour trouver un cours d'eau abondant.
On décida alors que les eaux du ruisseau de Garnier pouvaient être réunies facilement à la rivière du Vizézy. Le béal qui prit alors le nom de *Comtal* fut creusé et l'eau aménagée de telle sorte qu'elle puisse couler dans la rivière. Un traité eut lieu à cette époque entre les propriétaires de la maison Paley et la ville de Montbrison, dans lequel il fut stipulé que les meuniers pourraient, pendant les années de grande sécheresse, prendre l'eau du ruisseau de Garnier, depuis le 1er août jusqu'au 1er décembre. Pour fixer et déterminer ce volume d'eau, on plaça une pièce de bois ayant six ouvertures, d'un pouce de diamètre, au moyen desquelles l'eau devait fluer dans le Béal-Comtal, jusqu'à la jonction de la rivière du Vizézy. Ce traité eut lieu moyennant une indemnité proportionnée au nombre de journées pendant lesquelles ce droit serait exercé, payable par les meuniers, suivant le nombre des moulins ou usines.

Des difficultés surgirent bientôt relativement à l'exécution de ce traité. Les propriétaires riverains voyant qu'on ne payait point d'indemnité, détournèrent les eaux du béal pour arroser leurs prés et pâtures. Après de nombreux procès intervint enfin un arrêté préfectoral en date du mois de juillet 1814, qui ordonna de placer garnison chez tous ceux qui se permettraient d'intercepter les eaux du Béal-Comtal. Depuis cette époque un garde fut chargé de la surveillance et de l'entretien du béal.

Nous ne pousserons pas plus avant nos investigations qui offriraient peu d'intérêt au lecteur.

La montagne de l'Oule, qui est la plus élevée du département après Pierre-sur-Haute et Pilat, est couverte de prairies, pâtures et bruyères. Son étendue superficielle est de 232 hectares et on y trouve des jasseries pouvant loger 250 vaches.

Après avoir été la propriété de Guy II, comte de Forez, et celle des abbés de la Bénissons-Dieu, pendant près de deux siècles, cette montagne fit retour à la couronne en 1566. Elle passa ensuite au pouvoir des seigneurs de Châtillon en 1580, puis au comte de Damas.

Au Nord-Est de ces jasseries on voyait autrefois une forêt séculaire de sapins, appelée de l'Oule, qui fut vendue, comme bien national, le 24 fructidor an IV, à MM. Mathieu et Gonin qui la revendirent à divers particuliers. Ceux-ci après se l'être partagée, la convertirent en jasseries pouvant loger 80 bêtes à cornes.

Trois rivières bien connues du lecteur, prennent leurs sources dans les montagnes dont nous venons de parler et dans celles qui les avoisinent, savoir : L'Anse, le Lignon et le Vizézy.

L'Anse, qui est si poissonneuse, prend sa naissance vers les jasseries de l'Oule et après un parcours de 1,250 mètres, passe à Saint-Anthême, Viverol, Usson, etc., et va se jeter dans la Loire, aux environs de Bas-en-Basset. Cette rivière fut choisie pour séparer le Forez de l'Auvergne, ainsi qu'il résulte d'une transaction passée entre Guy VI, comte du Forez et Jeanne de Bologne, héritière de Guillaume, comte d'Auvergne, en 1341. Cette démarcation des deux provinces a subsisté jusqu'à l'époque de la division de la France en départements.

Le Lignon. — Plusieurs communes revendiquent l'honneur de posséder la véritable rivière, aux bords enchanteurs, immortalisée par le célèbre roman de l'Astrée. De ce nombre est Saint-Bonnet-le-Courreau.

En effet, le Lignon qui forme la majeure partie de la limite Nord-Ouest de cette commune prend sa naissance dans les prés des Jasseries de Gourgon. Il reçoit dans son parcours le ruisseau de Pré-Morêt ou Pierre-Brune et porte le nom de petit Lignon jusqu'à sa jonction avec la rivière qui descend de Chalmazel que l'on appelle aussi le Lignon. Ses rives, dans la partie qui limite la commune de Saint-Bonnet, sont très escarpées et entourées de rochers et de bois. Ses eaux impétueuses, au moment des pluies ou de la fonte des neiges, deviennent calmes et limpides pendant la belle saison.

Le Lignon est la rivière la plus considérable de tous les affluents de la Loire dans notre département. Sa longueur développée est de cinquante kilomètres. Comme les montagnes où elle prend sa source sont très élevées, ses eaux sont moins sujettes à tarir. (*)

Le bassin arrosé par le Lignon a une superficie de 6,500 hectares et cette rivière doit apporter à la Loire un tribut moyen de sept à huit mètres cubes d'eau par seconde.

Elle se divise en deux branches, l'Anzon et le Lignon proprement dit.

L'Anzon vient des bois et de l'Hermitage, parcourt la vallée transversale de St-Julien-la-Vestre et arrive par le défilé des Ruines, à la vallée de Saint-Thurin.

Le Lignon, proprement dit, rejoint à cet endroit l'Anzon, et ne formant plus qu'une seule

---

(*) Elles produisent d'excellentes petites truites noires, dites du petit Lignon.

rivière, se dirige vers la plaine. A Poncins, le Lignon accueille le Vizézy et, à trois kilomètres en aval de Feurs, ses eaux vont s'unir à la Loire.

Le Vizézy prend sa naissance vers les Jasseries de Gourgon. Cette rivière qui est la limite méridionale de notre canton, fait mouvoir diverses usines et moulins dont les produits et les rapports forment la principale industrie de la ville de Montbrison.

Indépendamment de ces rivières, le territoire de la commune de Saint-Bonnet est encore arrosé par dix-huit ruisseaux dont les eaux douces et agréables à boire, fertilisent les pâturages de nos montagnes.

HAUTEURS PRISES SUR LA CARTE DE FRANCE, LEVÉE
PAR LES OFFICIERS DU CORPS D'ÉTAT-MAJOR
ET PUBLIÉE PAR LE DEPOT DE LA
GUERRE EN 1852

Pierre-sur-Haute, 1640 mètres au-dessus du niveau de la mer.

Jasseries de l'Oule......	1419^m et 1370^m
Jasseries de Garnier............	1362^m
Bois de Regardière et bois du Char.	1066^m
Palcy.................	1127^m
Les Crozets..............	1123^m
Cognières...............	1054^m
Le Roure................	980^m
Courreau................	978^m
Pramol.................	954^m
Sur Girard...............	1110^m
Le Mas.................	736^m
Saint-Bonnet-le-Courreau........	927^m
Planchat................	904^m
L'Aspéry................	754^m
Faverge................	659^m
La Mure................	1080^m
La Thynésye..............	731^m
Bois de Chorsins............	1075^m
Le Genetey...............	809^m
Germagneux..............	835^m
La Croix Chavanis...........	907^m
Essende................	827^m
Le Champ de la Clef..........	1176^m

LE PONT DU DIABLE

Vers l'an 1600, vivait la belle Diane de Chateaumorand qui fut l'épouse de Anne et Honoré d'Urphé, membres distingués de la plus illustre famille du Forez.

Dès l'âge le plus tendre elle entra dans le couvent des Ursulines dont la fondatrice de l'ordre, Angèle de Bresse, était l'une de ses tantes. On conçoit tout l'attachement et les soins qui entourèrent cette jeune fleur. La supérieure l'avait reçue avec une tendresse passionnée qui se communiqua insensiblement aux autres religieuses. Aussi ce fut à qui aurait la meilleure part de cette maternité spirituelle. Dans cette commune affection s'étaient fondues toutes ces petites aigreurs de cœurs inoccupés et remplis d'énervantes aspirations vers l'inconnu.

Douée d'un de ces esprits heureux où toute graine semée germe d'elle-même sans effort, la jeune Diane ne connut pas la fatigue du travail et atteignit sa seizième année sans connaitre les larmes, elle pourtant qui en fit couler de bien amères au noble paladin qui devint son époux, après une série d'incidents des plus dramatiques.

A cette époque survint un événement de peu d'importance, il est vrai, mais qui, dans la vie paisible et uniforme de cette beauté à l'imagination vive et ardente, ne pouvait manquer de laisser un brûlant souvenir.

Honoré d'Urphé, cinquième fils de Jacques d'Urphé, lieutenant-général du Forez, après avoir fait ses études au collège de Tournon, vint passer de douces années au château de la Bâtie, sur les bords du Lignon. Conduit un jour au couvent des Ursulines par son père, désireux de terminer une affaire d'intérêt avec la mère Abbesse, le jeune Honoré rencontra, sous le berceau de charmille du jardin, la belle Diane de Chateaumorand. A la vue de cette beauté éblouissante le jeune comte ne put que balbutier les premiers mots du vocabulaire des amoureux.... Bref, ils s'aimèrent et dès ce jour l'imagination des deux adolescents vogua dans les eaux du tendre et du merveilleux.

Sortie du couvent et rentrée dans sa famille, Diane fut conviée à toutes les fêtes et devint la reine de tous les Tournois de la province. Grâce aux bons rapports qui avaient toujours existé entre les deux familles, Honoré d'Urphé n'eut pas de peine à se rapprocher de celle qu'il aimait déjà de toutes les forces de son âme. Dans une chasse, le jeune comte emporté par son ardeur chevaleresque fit une chûte de cheval et ses valets le transportèrent au pied d'un arbre, près du pont qui porte aujourd'hui le nom de pont du Diable. Là des soins empressés lui furent prodigués par la jeune Diane qui avait bientôt rejoint son chevalier. C'est dans cet endroit, précisé par un chroniqueur, qu'eut lieu entre eux un échange de serments d'amour et une promesse mutuelle de s'unir un jour.

Le touriste qui, après avoir visité les ruines du château de Couzan, remonte le Lignon, arrive bientôt dans une gorge profonde entourée de bois et de rochers. La rivière gronde et bouillonne au fond de ces ravins et arrose ce bassin agreste, resserré par deux lignes de montagnes appartenant d'un côté à la commune de Saint-Bonnet-le-Courreau et de l'autre à celle de Saint-Georges-en-Couzan. Ici l'œil s'arrête avec plaisir sur des massifs de bois pins semblables à de solides bataillons, là, s'élèvent des bouquets d'arbres de toute nature, semés au hasard sur ces pentes abruptes et ces crêtes dénudées comme de hardis tirailleurs. Un chemin étroit, tortueux, descend de la colline, se dirige en serpentant jusqu'au pont et va ensuite, en remontant par mille plis inextricables dans le rocher, au bourg de St-Georges, placé au sommet de la côte comme un nid d'aigle. Triste chemin où le voyageur attardé peut faire un faux pas et trouver la mort au fond du gouffre. Un penseur pourrait le comparer à ces caractères fortement trempés qui se tracent un but dans la vie et y marchent imperturbablement à travers les écueils; la rivière, au contraire, pareille à ces esprits souples et conciliants qui se ploient au gré des événements, décrit à chaque instant des courbes gracieuses, obéissant au moindre caprice du sol rocailleux qui lui sert de lit.

A la jonction des deux vallons et au bas de l'escarpement dont la tranche plonge verticalement dans la rivière, se trouve le pont du Diable, pont élevé mais étroit, ressemblant assez, par sa coupe hardie, aux fameux ponts, dits Romains, si appréciés par les archéologues.

Mais d'où vient ce nom sinistre « Pont du Diable » quelle est son origine?

Si l'on consulte une vieille Légende à peu près inconnue de nos jours, telle serait la réponse à cette question.

Une haine de famille, véritable *vendetta*, existait depuis quelques années entre les seigneurs de Couzan et de Châtelneuf.

Une rencontre inévitable eut lieu entre les chefs des deux maisons sur la limite de leurs fiefs, c'est-à-dire au pont du Diable. Les deux champions se précipitèrent avec fureur l'un contre l'autre et les épées se croisèrent au milieu de cet étroit passage.

« Va, mécréant, dit le sire de Chatelneuf, en frappant d'estoc et de taille son adversaire, tu as déshonoré le blason de tes ancêtres ; par Saint-Etienne, mon patron, la rivière sera ton tombeau !

« Tu en as menti dans ta gorge, chien de bâtard, répond le Sire de Couzan, par Belzébuth je cracherai dans ton sang; Satan, mon âme à toi si tu me donnes la victoire !...

« A ces mots un rire satanique et effrayant se fait entendre dans les gorges de la montagne et l'infâme blasphémateur tombe foudroyé dans le torrent. »

Si l'on veut ajouter foi à d'autres récits, le nom donné à ce pont provient de différentes apparitions qui eurent lieu à l'époque des guerres de l'Empire. On disait avoir vu, assis sur ce pont, le diable en personne recouvert d'un manteau rouge. Celui qui jouait, à son insu, ce triste rôle n'était pas autre chose qu'un pauvre conscrit réfractaire, caché dans les bois voisins, et qui, de temps en temps, tâchait de pénétrer dans sa chaumière, en traversant la nuit ce lieu solitaire.

Bien d'autres contes ont été faits aux veillées, mais l'auteur se dispense de les rapporter.

Il doit cependant citer la version suivante qui peut offrir quelque intérêt.

Jean-François-Gabriel Bichin de Sandricourt, issu d'une famille noble de Châlons, archiviste savant, qui pendant un demi-siècle, pauvre et errant, compulsa les archives publiques et privées de nos contrées, qui lisait avec tant d'habileté les parchemins illisibles, affirma, avant de mourir, avoir vu un manuscrit, à Feurs, qui expliquait l'origine de ce nom « Pont du Diable » et celle du mot « Sauvain ».

« Au XIII siècle, un seigneur qui avait un fief au village appelé aujourd'hui le bourg de Sauvain, venant d'accompagner le Sire de Couzan, se trouvait engagé avec son écuyer, au-dessous de Saint-Georges, dans la gorge profonde où coule le Lignon, lorsqu'il fut attaqué par des malfaiteurs ou par ses ennemis qui en voulaient à ses jours.

Poursuivi à outrance, ce seigneur était sur le point de succomber, lorsque son écuyer s'écria tout à coup : « Notre-Dame ! sauvez-le. »

A ce cri, le châtelain fit vœu mentalement, s'il échappait, de bâtir une chapelle en l'honneur de Notre-Dame de Délivrance et d'élever un pont dans cet endroit si dangereux.

Au même instant, il aperçoit une pièce de bois placée sur la rivière qu'il traverse en toute hâte ; puis, aidé par son écuyer, il précipite cette planche de salut au fond du gouffre, pour empêcher à ses ennemis de continuer leur poursuite ;

« Et voici comment, par son pouvoir divin,
« Notre-Dame sauva le Sire de Sauvain... »

Echappé ainsi miraculeusement, le noble voyageur accomplit son vœu. Il fit élever près de son château une église qui a porté longtemps le nom de Notre-Dame de *Salveta (de Salvagio).*

Il existe un règlement de vie du moine de Chorsin, en 1660, dans lequel on lit « que ledit
« religieux devra aller en confesse tous les huit
« jours à Notre-Dame de *Salveta* etc.

La commune de Sauvain tirerait ainsi son nom de celui là même donné à son église.

Un pont fut bâti sur le Lignon au lieu même

du guet-à-pens et fut appelé, dit-on, Pont-du-Diable.

Voici maintenant la véritable origine de ce nom singulier qui paraît remonter à l'an 1625, ainsi qu'il résulte d'une pièce inédite.

Nous avons dit que la rivière sépare les deux collines, jadis entièrement couvertes de bois. Or, une partie de ces bois, sur la rive droite, appartint à Jacques d'Urphé qui en avait fait l'acquisition.

A son décès, Anne et Honoré d'Urphé, ses deux fils, eurent à se partager cette forêt, et une contestation s'éleva entre les deux frères. La source de ce dissentiment remontait au mariage de Anne d'Urphé et n'avait pour motif apparent que le partage de cette forêt.

En effet, Honoré d'Urphé, sur les instances de sa famille, abandonna à son frère aîné la main de celle qu'il aimait plus que lui-même. Un violent chagrin s'empara de ce cœur noble et généreux. Une voix mystérieuse lui cria : « Va en Palestine, Dieu le veut ». Il obéit et devint bientôt Chevalier de St-Jean-de-Jérusalem. — Revenu dans sa famille après dix ans d'absence, il se réconcilia sincèrement avec son frère dont les idées avaient bien changé. Celui-ci avoua à Honoré la stérilité de sa

femme et lui fit part de son dessein d'embrasser l'état ecclésiastique. Généreux à son tour, il proposa même à son frère d'épouser sa femme. On conçoit que la proposition fut acceptée avec ardeur. Néanmoins la chronique raconte qu'Honoré d'Urphé n'eut pas d'enfant de sa jolie fée et qu'il fut même obligé de s'en séparer à la fin. Les historiens nous représentent Diane de Châteaumorand « belle comme une Déesse, d'un caractère
« extraordinaire, follement éprise de ses char-
« mes, à ce point qu'elle fuyait constamment les
« rayons du soleil, tenant les ouvertures de son
« castel hermétiquement fermées, et son visage
« rose et satiné couvert d'un masque. »

Honoré d'Urphé se jeta avec ardeur dans le parti de la ligue, et après une dure captivité, se retira en Savoie où il composa son ingénieux roman de l'Astrée. C'est de son inclination précoce pour la charmante Diane, des obstacles qu'il éprouva, de son désespoir et du succès désespéré de son attachement, qu'il tira le fond de son admirable chef-d'œuvre.

La difficulté qui existait relativement au partage des bois fut tranchée par les deux frères dans un acte authentique dont voici la teneur. — Pour l'intelligence de ce titre nous avons traduit les termes féodaux et supprimé ce qui est étranger à ce récit.

« L'an 1625 et le 30 d'octobre, pardevant F...
« notaire au baillage du Forez etc., furent pré-
« sents Anne d'Urphé, doyen de l'église, comte
« de Lyon et doyen du chapitre de Montbrison,
« et Honoré d'Urphé, marquis de Bagé de la
« Bâtie, de Bussy, bailli du Forez, frère d'Anne
« d'Urphé.

« Lesquels nous soussignés, comtes d'Urphé,
« voulant mettre fin à la désunion de nos cœurs
« pour la division de la forêt du Mas-de-Mour-
« nand, séante et arrivant à un pont que nos
« redevanciers appelleront Pont-du-Diable, vu
« l'esprit malin qui a soufflé dans nos cœurs
« pour le partage d'icelle forêt. Voulons d'ensem-
« ble après la division desdites forêts, la reconso-
« lidation et édification dudit pont, pour laquelle
« il sera amené par nos gens de taille et corvéa-
« bles de Grandris et de Courreau, tous les bois
« nécessaires etc.

Aujourd'hui il livre passage au plaideur qui se rend à l'audience du juge de paix, mais le chemin montueux et difficile vient d'être rectifié récemment par les soins intelligents du maire de Saint-Georges.

Il y a eu et il y aura toujours des discordes dans les familles, des créanciers exigeants et des débiteurs négligents, des gens de bonne et de mauvaise foi. On comprend donc aisément cette menace proverbiale qui s'échange parfois entre les plaideurs. « Je te ferai passer le Pont du Dia-
« ble et monter la côte de Saint-Georges. »

UN ÉPISODE SOUS LA TERREUR

Au Nord-Ouest et à deux kilomètres environ du chef-lieu de la commune de Saint-Bonnet-le-Courreau, se trouve un petit castel ou plutôt une maison de plaisance qui fut bâtie en 1758 par Messire Fauvel. Deux domaines considérables dépendaient de ce fief. Ils appartinrent l'un à M. de Gouttelas et l'autre à M. Jacques de Vaugirard, et ensuite à MM. Morel, notaire, Fauvel et Ribeyron de Thirange. Ces biens furent vendus en détail et divisés en 1801.

Placé sur une éminence le petit castel a résisté jusqu'à ce jour aux intempéries des saisons, mais le jardin qui faisait l'admiration des visiteurs n'est plus ce qu'il était autrefois.

En 1759 Messire-Mathieu Fauvel, conseiller du roi, contrôleur au grenier à sel de Cervière, demeurant à Montbrison, afferma sa propriété au sieur Mathieu Dérory, des Arnauds, qui la cultiva pendant longtemps et finit par en acheter une partie.

En 1790 M. Georges-Daniel Fauvel, greffier en chef, renouvela au profit de Pierre Petit, le bail que ce dernier tenait depuis le 30 octobre 1784; le bailleur se réserva la maison bourgeoise, le jardin, la grande allée d'arbres et la salle d'ombrage.

Royaliste ardent et dévoué, M. Fauvel, déjà âgé et infirme, fut l'une des premières victimes de la Terreur. Saisi et emprisonné, il fut bientôt conduit et fusillé à Feurs. M. Ribeyron de Thirange, son neveu et son héritier, vint alors se réfugier dans la maison de campagne de son oncle, afin d'échapper aux poursuites des révolutionnaires.

Voici l'histoire de cette arrestation telle qu'elle a eu lieu en 93 :

« A l'époque de la tourmente révolutionnaire, alors que les prisons regorgeaient de prisonniers et que la fusillade ou la guillotine jonchaient le sol des cadavres des prêtres et des ci-devant nobles, un beau trait de dévouement avait lieu dans la petite commune de Saint-Bonnet-le-Courreau.

« La neige tombait à gros flocons et couvrait la terre d'une couche épaisse; on était au cœur de l'hiver, et à cette époque de l'année il est imprudent, pour ne pas dire impossible, de voyager seul la nuit, quand on ne connait pas le pays.

Dix heures venait de sonner au coucou de la grande salle de la maison de plaisance de M. Fauvel, au village du Roure, et déjà le vent commençait à souffler avec violence. L'intendant en jupons venait de rentrer en toute hâte, annonçant à son grand valet que la nuit allait être bien mauvaise. En effet des brouillards épais, suspendus au-dessus de Pierre-sur-Haute, commençaient à envelopper toute la campagne et la bise froide et lugubre s'engouffrait dans la grande cheminée avec fracas.

A cette heure avancée, un seul individu était venu passer la veillée et causer avec la fermière. Il avait pris place devant le feu où brûlaient deux grosses bûches et l'orage qui mugissait au dehors semblait n'avoir été pour rien dans son arrivée fortuite au Roure.

Ce personnage qui agissait là tout à son aise, comme dans une auberge, était un paysan déjà âgé, de mine franche et ouverte, de constitution robuste et dont le costume était celui d'un habitant aisé. Il portait un large habit en droguet, étoffe de laine et fil ; son gilet rayé qui couvrait la moitié de sa panse, laissait à peine entrevoir une culotte du même drap qui se perdait dans de gros bas attachés au-dessus du genou par des rubans de laine bleue où brillait une large boucle d'acier.

A ce moment la fermière, ou pour dire vrai, la gouvernante, entra et déposa sur la table un pot de vin et ouvrit son armoire pour y prendre une nappe; mais en la dépliant il s'en échappa tout à coup un petit boursicot bien garni qui, en tombant, fit entendre un bruit sec et argentin.

— Mon arma, dit le montagnard avec étonnement, où as tu pêché cette prune?

— C'est mon gage de la Saint-Jean, répond la Ferrande, d'un air embarrassé et confus. Quand on a travaillé son chien de saoûl toute l'année, on peut bien mettre quelque monnaie de côté.

—Ta ta ta, dit le vieux, on te connait, la grosse, à d'autre la chanson; faut pas m'en conter à moi qui ai vu danser le loup sur la pierre de bois. Si ton maître t'a donné cet argent tant mieux pour toi d'attraper quelque revenant-bon, mais il n'y a pas que tes gages dans le boursicot? Bah! c'est pas dommage d'avoir des étrennes de temps en temps ça entretient, l'amitié et puis tu es si gentille et tu sais si bien faire dans le ménage... Prends toujours, argent donné n'est pas volé. Ton maître est un bon homme, il y a longtemps que nous nous connaissons. Allons, cache ton magot et vienne le printemps je te ferai acheter un coin de pré pour nourrir ta génisse. En disant ces mots entrecoupés de gros rires, le montagnard avait pris le menton de l'accorte et rieuse commère qui, habituée à ces grosses plaisanteries, ne fit pas même attention à la liberté que prenait le rusé paysan.

Elle sortit pour aller chercher du bois au bûcher et laissa son compagnon seul dans la salle.

Cet appartement, dont il était pour le moment le seul occupant, consistait en une pièce nue; les murailles blanchies à la chaux ne présentaient d'autres ornements qu'un crucifix de bois noir et des rayons de livres d'agriculture appartenant à M. Fauvel.

Après cet entretien, le campagnard content de lui et tout entier au plaisir de se trouver à l'abri près d'un bon feu, au moment où l'orage éclatait, avait exposé ses gros souliers fumants, à la flamme brillante du foyer et prenait en patience l'absence de la gouvernante. Cependant après s'être suffisamment chauffé, après avoir avalé tout d'un trait un verre de vin de Résinet et écouté les mugissements du vent, le bonhomme se renversa dans un fauteuil de bois sculpté, croisa les mains sur son abdomen qui témoignait déjà d'un commencement d'embonpoint et s'endormit béatement. Il songeait sans doute que l'heure de se restaurer était venue et que si le service devait être retardé, il ne serait pas fâché d'avoir une gaie et avenante commère pour causer et le servir. Attendons, se dit-il, et ses yeux se fermèrent.

Au milieu du fracas de l'orage il entendit tout à coup des chevaux s'arrêter devant la porte, et quelques instants après, deux étrangers, enveloppés de manteaux couverts de neige, entrèrent dans la salle.

Dès que les nouveaux venus se trouvèrent dans la sphère lumineuse que formait la flamme du foyer, le montagnard jeta sur eux un regard rapide et investigateur.

C'était deux jeunes gens, dont le costume simple, ne révélant aucun rang ni aucune profession, pouvait aussi bien convenir à de petits bourgeois qu'à des gentilshommes. L'un, de grande taille, au teint brun, aux yeux noirs et pleins de feu, semblait beaucoup plus âgé que son compagnon et devait lui servir de mentor. C'était un beau garçon dans toute la portée du mot et ses allures résolues, sa démarche ferme, annonçaient un homme qui ne s'intimidait pas facilement. Quand il entrouvrit son manteau, il laissa voir sans affectation deux pistolets passés à sa ceinture. Mais ce qui frappa le plus le villageois, dans son examen rapide, furent l'attention et les soins affectueux que le personnage dont nous venons de parler, donnait à son jeune compagnon. Celui-ci était de petite taille, si mince et si frêle qu'on eut dit un enfant. Son costume était à peu près le même que celui de son ami. Tout ce que le curieux montagnard put apercevoir de son visage caché par son chapeau rond et le collet de son habit, était blanc, délicat et d'une pâleur mortelle. Du reste, le pauvre enfant, épuisé sans doute par une longue route et transi par l'orage, semblait avoir à peine la force de se soutenir; il marchait en chancelant, grelottant de froid, appuyé sur le bras de son compagnon qu'il serrait dans une étreinte convulsive.

Son ami lui dit quelques mots à l'oreille puis l'entraîna doucement vers la cheminée, en continuant de lui adresser des consolations que personne ne pouvait entendre. Le jeune homme se laissa conduire et tous deux se placèrent à côté du montagnard.

Cette scène s'était passée en moins de temps qu'il n'en a fallu pour l'écrire; les jeunes gens revenus de leur émotion, jetèrent enfin autour d'eux un regard inquiet, et les yeux du plus âgé rencontrèrent ceux du montagnard fixés sur lui. Cet examen, bien naturel cependant, sembla n'être pas de son goût; il fronça le sourcil comme un homme qui n'est pas disposé à accepter aisément une contrariété, puis se tournant vers la Ferrande qui venait d'entrer dans la salle, il lui dit avec un ton de politesse exquise :

— Vous voyez combien mon jeune frère est accablé par la fatigue; serait-ce abuser de votre bonté que de vous prier de faire préparer sur le champ la chambre que vous lui destinez?

A cette demande extraordinaire et incompréhensible, la Ferrande ouvrit de grands yeux en voyant ces deux voyageurs inconnus. Elle entr'ouvrait la bouche pour répondre, mais l'aîné, la prenant à part, lui parla à voix basse un instant. A chaque mot, elle paraissait de plus en plus étonnée et semblait tomber des nues. Les dernières paroles prononcées à son oreille furent celles-ci « silence maintenant, ne dites-rien de tout cela ». Suffit, on sait se taire, répondit-elle.

Assis de l'autre côté de la cheminée, le campagnard n'entendit que la dernière réponse de la Ferrande. Ah ça ! fine mouche, lui dit-il, que signifie cette comédie?

Celle-ci ne répondit point et escalada les escaliers qui conduisaient au premier étage de la maison.

Ne pouvant plus résister à sa curiosité, notre homme entama alors la conversation, en disant d'un ton affectueux au plus âgé des jeunes gens : votre frère était bien faible, monsieur, pour s'engager ainsi dans la montagne, et il ne me paraît guère habitué à voyager dans notre pays ?

Celui dont il était question ne fit pas un mouvement et n'ouvrit pas la bouche ; mais l'aîné, se tournant brusquement, toisa le montagnard, comme s'il eut été irrité de sa familiarité. Cependant le sentiment de sa position, sembla arrêter ce mouvement de colère, et il répondit d'un ton sec qui signifiait que toute conversation lui serait désagréable pour le moment « En effet, mon frère voyage en montagne pour la première fois.

Ce laconisme n'admettait pas de réplique, mais le rusé paysan ne se laissait pas réduire au silence pour si peu.

— Eh bien, sauf votre respect, reprit-il tranquillement de l'air d'un homme qui veut parler à tout prix, il faut que vous ayez eu de bien fortes raisons pour entreprendre un long voyage par ce mauvais temps, avec ce joli petit garçon qui paraît si délicat? Vous avez dû courir plus d'un danger et quand on ne connaît pas nos chemins, il y a de l'imprudence à s'aventurer dans les montagnes de chez nous?

— Oui, oui, dit le jeune homme avec chaleur, oubliant peut-être à qui il parlait, c'est vraiment un miracle que nous soyons ici à cette heure de la nuit : je n'avais pas cru la tourmente si terrible et si dangereuse. Mon pauvre frère a été jeté à bas de son cheval, et sans de bons paysans venus à notre secours, je ne sais ce qu'il serait advenu de nous, car j'avoue franchement que je n'y voyais plus rien par moments et j'avais tout à fait perdu la tête.

— Oh! ce ne sera rien; une nuit de sommeil, et demain il n'y paraîtra plus. Ah ça, mes camarades, vous me semblez tout à fait étrangers dans notre pays. Est-ce que il y aurait de l'indiscrétion à demander de quel côté vous comptez vous diriger demain?

— Que vous importe! reprit le frère aîné avec impatience.

— C'est que la bourrasque de cette nuit aura comblé tous les chemins, et il serait possible que deux jeunes gens de la ville, tels que vous, sans doute, fussent un peu embarrassés demain pour continuer leur route. Ainsi n'ayez pas peur de moi : je suis un bon gas. Je vais à Chalmazelle demain et si vous allez de ce côté, nous pourrions faire route ensemble, et peut-être ne seriez vous pas fâchés de vous trouver en compagnie d'un bon garçon qui connait la route comme sa poche.

Cette proposition parut frapper vivement le frère aîné; cependant un sentiment de défiance et de prudence vint se mêler à la joie qu'elle lui inspirait.

— Je vous remercie de vos bonnes intentions l'ami, lui dit-il, et je commence à croire qu'un guide expérimenté ne nous serait pas inutile dans ce pays du diable où le vent et la neige font bacchanal ensemble. On me l'avait bien dit à .... mais je ne voulais pas le croire ; sans cela au risque de.... tout, j'aurais pris un autre chemin à cause de cet enfant. Mais dites-moi, mon brave, est-ce l'usage dans ce pays d'offrir ainsi ses services à des gens que l'on ne connait pas ?

— C'est l'usage, Monsieur, reprend le montagnard avec rudesse; et quand on voit deux étourdis s'engager ainsi à l'aventure dans nos chemins impraticables et dans ce pays du diable, comme vous le dites très malhonnêtement, c'est notre devoir, à nous autres, de leur porter secours et de les avertir du danger qu'ils ignorent; vous pouvez déjà voir à quoi vous vous êtes exposés.

— Il est vrai, répond le jeune homme d'un air pensif, que nous avons été imprudents de prendre cette route pour venir ici et aller ensuite en Auvergne, mais il n'y avait pas à balancer, mon cher, et il fallait partir...

Le montagnard dressa vivement la tête.

— Vous allez en Auvergne! et pourquoi faire? m'est avis qu'il y a du louche là dessous...

— Oui et si vous pouvez nous conduire jusqu'à Chalmazelle par des chemins détournés et peu fréquentés, vous comprenez... il y aura pour vous une bonne récompense.

Ce fut le tour du paysan de montrer de la défiance. Vous venez de Montbrison et vous fuyez la ville, camarades, je crains trop, malgré votre air comme il faut, d'avoir affaire à des... Suffit, je m'entends.

Il se mordit les lèvres et n'acheva pas.

Le jeune homme fit un geste de colère. Pour qui nous prend ce rustre? s'écria-t-il avec impétuosité. Avons nous donc l'air de voleurs de grands chemins ou d'espions?

Son prétendu frère le retint par le bras. De grâce ne t'emporte pas lui dit-il avec douceur ; et vous, Monsieur, continua-t-il en tournant vers le paysan ses grands yeux bleus pleins de larmes, n'ayez pas trop mauvaise opinion de nous, parceque nous sommes réduits à nous cacher et à fuir, comme des malfaiteurs ! Nous sommes plus dignes de pitié que de haine, et, croyez moi, un honnête homme n'aura jamais à se repentir de nous avoir rendu service...

Cette manière de supplier parut faire impression sur le paysan et il allait sans doute répondre, selon le vœu des jeunes gens, lorsque la Ferrande qui était allé préparer les chambres, descendit et vint annoncer avec un air d'intelligence aux deux jeunes gens que tout était prêt.

Ceux-ci se levaient et allaient suivre la gouvernante lorsqu'un grand coup frappé à la porte, un bruit de voix et un piétinement de chevaux se firent entendre tout à coup. Les deux frères tressaillirent et se regardèrent mutuellement d'un air effrayé. Au même instant, deux gendarmes et un homme vêtu de noir, firent irruption dans la salle.

A la vue de ces nouveaux hôtes, les deux frères pâlirent ; l'aîné porta la main à sa ceinture, comme pour saisir ses pistolets. Le plus jeune fit un violent effort pour retenir un cri, il chancela et retomba sur le siège qu'il occupait un instant avant. Tous ces signes d'effroi n'échappèrent point au montagnard, qui ne pût s'empêcher de sentir renaître des soupçons peu favorables à ses nouveaux amis.

L'individu vêtu de noir et qui avait l'air d'un officier de justice, s'avança en boitant, soutenu par les gendarmes. La fatigue et le froid l'avaient tellement brisé qu'il se trouvait dans un état à exciter à la fois le rire et la pitié. Des éperons attachés à ses souliers s'empêtraient dans ses jambes et le faisaient broncher à chaque pas, il grelotait comme un caniche qui sort de l'eau ; enfin, il était si piteux, si ahuri, en même temps si ridicule, que l'un des gendarmes ne pût s'empêcher de dire à son compagnon, d'un ton moqueur. « Corbleu ! quelle patte mouillée nous a-t-on donnée là ? En voilà un crâne d'homme. Vilain pékin ! nous faire courir par ce temps là.... »

Un officier de justice dans un pareil état ne paraissait pas bien redoutable ; cependant, lorsqu'il s'approcha de la cheminée pour se chauffer, les deux frères se reculèrent précipitamment, en apparence pour faire place aux derniers venus, mais en réalité pour se réfugier dans le coin le plus sombre de la salle.

En voyant le montagnard, l'officier de justice le désigna aux gendarmes de son doigt maigre et crochu, quel est cet homme? assurez-vous de lui...

Les gendarmes surpris hésitèrent à obéir. Pendant ce temps l'officier de justice qui craignait de se tromper, reprit aussitôt « non, non, un instant, procédons avec mesure. Ceux que je cherche auraient bien pu se réfugier ici. Holà, bonhomme qui es-tu? d'ou viens-tu? où vas-tu?

— Qui es-tu toi-même, insolent malotru? demanda le montagnard d'un ton de colère. De quel droit m'interroges-tu, recors de Barclière!

— De quel droit? reprend l'autre, apprends que je suis officier de police à Montbrison et de plus un ami intime de Javogue; je suis délégué pour arrêter... enfin ça ne te regarde pas, vieux loup, contente-toi de répondre. Allons parleras-tu, parleras-tu drôle? Je te demandes qui tu es?

— Eh bien fandard, ami de la canaille, je suis le père Arnaud Jean-Baptiste, le syndic de notre paroisse et plus honnête que toi, vieux coquin, qui fais un métier de malheur. Mon père était un brave homme comme moi, et maintenant je crois te reconnaître ; tu dois être le frère de celui qui a dénoncé le brave Fauvel que l'on vient de fusiller et qui était le maître de cette maison. Sors-moi de là, tu n'es pas digne de mettre les pieds ici...

A ces mots, les deux jeunes gens ne purent retenir un cri en entendant prononcer le nom de M. Fauvel.

L'officier tourna alors ses regards vers le coin de la salle, puis s'adressant de nouveau au montagnard il lui dit « ne venez-vous pas de la plaine bonhomme ?

— Cela se pourrait, lui fut-il répondu d'un ton sec.

— Ah ! vous venez de la plaine ; peut-être de la ville ? et bien n'auriez-vous pas rencontré, par hasard, un jeune homme de haute taille aux yeux noirs ? Ses yeux sont-ils noirs continua-t-il, en se parlant à lui-même. Enfin, n'importe la couleur, — et avec lui sa femme une jeune dame blonde ou brune, petite, l'air délicat, habillée de satin noir ou violet, je crois. Ils voyagent en voiture, à cheval ou à pied, car ce point n'est pas bien éclairci. Enfin, avez-vous rencontré deux personnes dont le signalement se rapporte à celui-là ?

— Ah ! il est clair votre signalement, répond le père Arnaud en riant à se tenir les côtes ; soyez assuré, monsieur le recors, qu'on ne trouvera rien de semblable dans nos chemins, pas même un imbécile comme vous, par ce temps de loup et à cette heure...

En ce moment les regards de l'officier de justice, ou pour mieux dire de l'espion, se fixèrent sur les deux jeunes gens qui s'étaient retirés à l'angle de la salle.

— Quels sont ces blancs-becs, demanda-t-il avec agitation, d'où venez-vous?

Ils ne bougèrent pas mais l'aîné arma ses pistolets sous son manteau, tandis que le plus jeune s'approchant adroitement du père Arnaud lui dit à l'oreille « Sauvez-nous. » Le montagnard regarda la Ferrande qui lui fit un signe d'assentiment.

L'officier, dont les soupçons se confirmaient par le silence des jeunes gens, les désigna aux gendarmes : s'ils ne veulent pas répondre, dit-il, emparez-vous de leurs personnes !

— Que me chantez-vous là, reprend alors le père Arnaud, que diable vous ont faits mes neveux pour les faire arrêter comme des brigands? Par St-Barthomio! nous allons voir du nouveau. Si vous les touchez seulement du bout du doigt vous aurez à faire à moi. En disant cela il détachait une carabine placée au-dessus du manteau de la cheminée.

— Vos neveux, répétèrent les gendarmes.

— Oui mes neveux, ils viennent de la ville et ils font bien. Il paraît que vous en faites de belles là bas avec vos guillotinades et vos fusillades?

— Eh bien! alors pourquoi ne répondent-ils pas?

— Parguiène, s'ils ne parlent pas, ils n'en pensent pas moins; vous leur faites sans doute peur avec vos grands sabres et votre air de Judas; d'ailleurs les pauvres diables sont éreintés de fatigue et ils dormaient encore il n'y a qu'un instant : « Allons, allons, grands fainéants allez vous coucher. » En même temps il poussa rudement ses prétendus neveux vers la porte d'un air colère.

Quelques paroles s'échangèrent encore quelques instant après, mais la Ferrande, qui se mit à bâiller à se décrocher la mâchoire, interrompit la conversation et annonça d'un ton bourru et impérieux, qu'il était temps de se retirer : chacun dut sortir de la salle.

L'officier de justice avait pourtant de violents soupçons et on l'entendait murmurer en s'en allant : « Ceci n'est pas clair; il faut savoir... Je veux... Je les interrogerai demain...

Sur le coup de minuit le père Arnaud, la Ferrande et les deux prétendus neveux se trouvaient réunis dans la salle. Tout s'expliqua.

— Mon oncle, dit le jeune Ribeyron de Thiranges, vient d'être fusillé ; on me cherchait pour m'arrêter.

Sur les vives instances de ma mère, je suis venu me cacher ici dans le domaine de mon oncle qui m'a fait son héritier. Marié depuis deux mois, ma femme a voulu me suivre cachée sous des vêtements d'homme ; vous la voyez devant vous. Nous ne pensions pas être poursuivis de si près par la gendarmerie et par cet espion de malheur. Notre intention est de gagner l'Auvergne où nous avons des parents. Vous venez de nous sauver la vie par votre ruse et je ne sais pas, braves gens, comment vous remercier...

— Sauvés, pas encore, dit le père Arnaud. Demain les cordons bleus seront sur vos traces si vous suivez le chemin ordinaire ; ces gens, qui ne valent pas la corde pour les pendre, se doutent, je crois, de la vérité. Il ne vous reste qu'une planche de salut ; croyez moi, il faut changer de route pour aller en Auvergne. Je vous guiderai à travers la montagne et ils seront bien fins ces estafiers s'ils vous retrouvent. Courage enfants, dormez en paix; je veille au grain. En cas d'alerte on vous cachera et...

— Merci, merci braves gens, répond la jeune femme, le bon Dieu vous bénira pour le bien que vous faites aujourd'hui.

Ce qui fut dit fut fait, mais les gendarmes furent aussi à cheval de bonne heure et ayant remarqué l'absence des deux prétendus neveux suivirent leurs traces sur la neige. Ils gagnèrent du chemin et bientôt les fugitifs furent à portée d'entendre la voix criarde de l'officier de justice qui disait : Ce sont eux que je vois ; je garantis que ce sont les drôles de hier au soir. Où diable vont-ils passer ? Ils m'ont tout l'air de gibier de prison avec leur cache-fripon et leurs chapeaux rabattus ; il faut que nous leur voyons un peu le blanc des yeux.

Entendant ces paroles le père Arnaud dit au jeune Ribeyron : « S'ils vous atteignent, gagnez du temps en lui disant tout ce que vous pourrez trouver dans votre cervelle. Quant à moi je vais dans ces maisons chercher du renfort. Vous allez voir du nouveau dans un moment... »

A cet instant un gendarme élevant la voix cria avec force: « holà ! vous autres, arrêtez au nom de la République, on a un mot à vous dire là haut. »

Les deux fugitifs qui avaient gagné un monticule, ne soufflèrent mot, mais l'un d'eux descendit de cheval et entra dans une maison avec précipitation.

Voyant cette manœuvre, les poursuivants éperonnèrent leurs chevaux et ordonnèrent impéricusement au jeune Ribeyron de s'arrêter.

Ce dernier, comme s'il eût voulu obéir à cet ordre, fit faire volte-face à sa monture, se plaça dans le sentier de manière à barrer le chemin, et, tirant un pistolet de sa ceinture, cria d'une voix ferme à l'officier de justice qui marchait le premier.

— Si tu avances, tu es mort !

Cette menace produisit bon effet et arrêta court l'assaillant, mais les gendarmes s'écrièrent: « en avant, en avant. »

— Un moment, un moment, dit l'officier qui voyait briller devant sa poitrine le canon braqué contre lui. Laissez-moi parler à ce jeune homme et employer les moyens de persuasion. Je saurai bientôt, grâce à mon habileté, si c'est bien celui que nous cherchons !

Les gendarmes se décidèrent avec répugnance à rester immobiles.

L'officier mit pied à terre et s'avança en disant : toute résistance est inutile, rendez-vous.

— Si tu avances, tu es mort, répond Ribeyron.

Cette menace réitérée exaspéra les gendarmes ; « il faut en finir » dit l'un d'eux en détachant sa carabine suspendue à l'arçon de sa selle. Son camarade l'imita, et, au même instant, comme pour ne pas être en reste de moyens de défense, le jeune Ribeyron releva son manteau qui pouvait l'embarasser dans la lutte, saisit entre ses dents crispées la bride de son cheval et arma sa main gauche d'un autre pistolet, décidé à vendre chèrement sa vie.

Le sang allait couler, lorsque tout à coup une petite troupe de paysans armés de faulx et de fusils apparut au-dessus du rocher et une voix forte cria « Bas les armes, tous! malheur à celui qui portera le premier coup! »

Cet ordre donné sur un ton de commandement qui n'admettait pas de réplique fut exécuté machinalement par les trois antagonistes.

S'approchant alors de l'officier de justice, le père Arnaud s'entretint avec lui à voix basse. Personne ne soupçonna ce qu'il lui dit, mais au bout d'un instant l'officier se retournant vers ses gendarmes leur ordonna de rétrograder immédiatement, en ajoutant à haute voix : « Nous nous sommes trompés, camarades, partons. Je sais à quoi m'en tenir : nous avons à faire à de braves gens innocents... En route. »

Les gendarmes étonnés et surpris se le firent dire deux fois, mais enfin il fallut obéir et se retirer.

Le jeune Ribeyron et sa femme continuèrent leur route et arrivèrent sains et saufs en Auvergne où ils furent à l'abri de tout danger.

« Quelques jours après, M. Ribeyron fit passer
« une somme de deux cents livres au père
« Arnaud qui la remit lui-même secrètement à
l'officier de justice. (*) »

Pendant le court entretien qu'il avait eu avec ce dernier, il s'était engagé à lui porter cette somme, à condition qu'il laisserait échapper les deux fugitifs, L'officier s'était laissé gagner par cette promesse préférant empocher l'argent de M. Ribeyron que de courir la chance d'être tué ou de faire tuer des gens inoffensifs.

(*) Papiers de famille.

Citer le beau dévouement et le sang froid du père Arnaud, c'est faire le plus bel éloge d'un homme qui fut le premier Maire de la commune de St-Bonnet-le-Courreau.

LA FORÊT DE CHORSIN ET LE BOIS DU CHAMP DE LA CLAIE

A l'ouest de Saint-Bonnet et sur une montagne, d'une altitude de 920 mètres, s'inclinant brusquement vers l'orient se trouve la forêt de Chorsin.

Sa contenance cadastrale en bois-sapins est de 211 hectares trente-huit ares.

Chorsin, ainsi que Garnier, Loule et le champ de la Claie, appartint vers le XIIe siècle aux abbés de la Bénissons-Dieu.

Quoique les besoins de l'industrie et le désir de réaliser des capitaux aient depuis 1856 grandement abusé des ressources forestières que ces bois présentaient, on y rencontre encore aujourd'hui un massif de la plus belle venue et des arbres d'une grosseur remarquable, surtout dans les cantons où il a été impossible d'en effectuer la coupe et l'enlèvement.

Ce ne devait être qu'une *Chal,* c'est-à-dire, pour expliquer cette expression de l'époque, un vaste tenement de terrain à peu près inculte couvert de bruyères et de sapins rabougris.

Certes, s'il en eut été autrement, les bons moines ne l'eussent pas abandonné si facilement et, pour attirer quelques habitants de plus sur leurs terres, ils ne l'auraient pas abénévisé pour la modique redevance de dix sols ou deux bichets de blé aux habitants de la Val-Bertrand.

Avec le temps les jeunes arbres disséminés un peu partout, prirent une certaine force; les vides et les replis du terrain se repeuplèrent naturellement, à l'aide des graines tombées des arbres plus âgés; le sol maintenu dans un état de fraîcheur continuelle se couvrit d'une couche de terre végétale qui favorisa le réensemencement naturel.

Comment fut administrée cette forêt jusqu'au XVIII° siècle époque où nous trouvons des renseignement précis?

Nous l'ignorons.

Il est à présumer que l'on apporta les plus grands soins dans l'exploitation qui eut lieu sous les Bénédictins. Les coupes dûrent se faire par jardinage, probablement en choisissant les arbres mûrs ou dépérissants que le syndic faisait enlever et distribuer par lots égaux aux ayant-droit.

Les habitants des hameaux de Bourchanin, Chamarel, la Goutte, la Mure, Paley, les Passeaux, le Verdier, Sumillant en eurent, dès le principe, la jouissance indivisemment entr'eux.

En 1400 les aïeux de Pierre et Antoine Reynodi-Fabre firent un acte de reconnaissances aux abbés de la Bénissons-Dieu et cent ans plus tard une transaction intervint entre les habitants de ces villages et la même abbaye.

Par acte reçu M° Monate, notaire, le 18 août 1544, sept des principaux habitants reconnurent les droits du prieur sur ladite forêt.

Messire-Antoine Duverdier, petit-fils de Claude Duverdier, seigneur de Valprivas, élu par le roi, étant devenu propriétaire de Chorsin, fit renouveler le 21 novembre 1574, par onze cultivateurs de la Val-Bertrand, l'acte précité. 180 ans après le fait que nous venons de citer, ce même acte était encore au pouvoir de Madame De Meaux qui le fit sceller à Montbrison, pardevant M° Labranche, notaire, le 24 novembre 1753.

Ce dernier titre est le point de départ de la véritable origine de propriété, pour les habitants de la Val-Bertrand.

Le 30 septembre 1755, on reconnut la nature communal de la forêt de Chorsin et l'administration des eaux et forêts y fit appliquer l'ordonnance de 1669. Le grand maître, dans un rapport fait à cette date, portait à 293 arpents la contenance totale de ces bois; il mettait le quart en réserve et divisait le surplus en trente coupes de sept arpents trente-six perches chacune, pour être exploitées chaque année à *tire et aire*.

Ce réglement resta dès lors en vigueur. Pendant 38 ans les habitants dûrent s'y conformer et nous retrouvons, à la date de 1757, 1761 et 1766, des requêtes adressées par eux au chef de la maîtrise de Montbrison, dans le but d'obtenir des délivrances de coupes extraordinaires.

Chaque année on délivrait des affouages, c'est-à-dire des coupes de bois de chauffage ou autres. Le partage se faisait par feux et entre les chefs de familles ayant habitation réelle ou fixe dans l'un des villages auxquels ces droits étaient accordés. Il suffisait d'être français, chef de maison, domicilié dans la commune et d'avoir acquis l'habitation avant la répartition des coupes. Si le père et les enfants vivaient en commun on ne considérait qu'un seul chef, à moins que le père n'eut un mobilier ou un logement distinct. Il ne suffisait pas d'avoir des propriétés dans l'un des hameaux, il fallait encore posséder le feu, c'est-à-dire la maison qui était inscrite comme ayant droit à l'affouage.

A cette époque reculée, la forêt de Chorsin était remarquable par le nombre prodigieux de ces sapins séculaires qui font l'admiration du voyageur.

Quelques uns semblaient surgir au-dessus des rochers pour jouir plus librement de la lumière et élever dans les airs leurs têtes altières. D'autres avaient le tronc garni de branches chenues couvertes de lichens ressemblant à des quenouillées de chanvre ou à des guirlandes de mousse.

Pressés les uns contre les autres, ces arbres à la charpente vigoureuse, étendaient au loin et entrelaçaient leurs branches, tandis que les racines tortueuses formaient autour d'eux un réseau inextricable.

Ça et là gisaient quelques débris arrachés par l'orage, dont les fibres servirent peut-être d'asile à d'autres ruines végétales qui activèrent la décomposition de leurs tissus.

Des vieillards ont affirmé avoir vu dans cette forêt plusieurs sangliers, mais cette assertion qui est très vraie, nous paraît pourtant suspecte d'exagération.

A l'époque de l'ère révolutionnaire, les cris de liberté et d'égalité retentirent dans nos montagnes et voici l'une des conséquences de ces fameux principes d'émancipation.

Les onze usagers de l'acte de 1574 ou leurs ayant-cause ne furent plus maîtres de jouir paisiblement. Les habitants des environs ne craignirent pas d'enlever les bois qui leur étaient nécessaires et qu'ils considéraient comme leur propriété. Sans respect pour le décret de 1791, ils firent même paccager leurs bestiaux en dépit de l'administration impuissante à arrêter ce vandalisme. Les dégats furent si considérables que plus de mille chars de bois à brûler restèrent sur place et tombèrent plus tard en pourriture.

« Le 22 thermidor an XI (1803), peu de temps après « la réorganisation de l'administration des forêts, M. « Contencin, garde général à Montbrison, visita cette « forêt assisté de M. Charlat, maire, qui lui déclara « qu'il existait sur sa commune un bois communal « appelé Chorsin et la Val-Bertrand, surveillé par le « sieur Jarrier, garde-forestier etc. »

« Le caractère communal de cette propriété était « donc reconnu à cette époque.

« Comment admettre en effet que des propriétaires à « titre privé eussent laissé, depuis l'acte primordial de « 1574, soumettre cette forêt à l'administration de la « maîtrise et y exécuter l'article 2 du titre 25 de l'or-

« donnance de 1669 ? N'eussent-ils pas profité de la
« Révolution, pour se partager simplement le bois de
« Chorsin ? (*).

Le 24 octobre 1809 on fit le récolement de trois cents sapins, en présence des sieurs Rondel et Gaurand, délégués des ayant-droit, au nombre de trente-deux.

Vers 1826, on contesta la nature communale de Chorsin. Des habitants de la Val-Bertrand, auxquels on dressa des procès-verbaux pour coupe et enlèvement de bois, se présentèrent en justice et excipèrent d'un droit de propriété s'offrant de prouver qu'ils possédaient cette propriété *ut singuli*.

En 1832, des démarches actives étant faites pour obtenir un jugement, l'Administration forestière envoya sur les lieux litigieux M. Thevenin, garde-général.

Cet agent-forestier expliqua, dans un rapport :
« que la partie boisée de Chorsin ne contenait
« alors que 171 hectares, par suite des abus
« commis par les habitants et que dans l'espace
« de trente ans, on pourrait faire trois coupes
« produisant 16,250 francs, etc., etc.

(*) M. David, garde-général des forêts à Montbrison.

D'après les observations et les conclusions de M. le garde-général, le bois de Chorsin fut maintenu sous le régime forestier, par ordonnance royale en date du 15 novembre 1832.

Il fut délivré annuellement aux ayant-droit, 155 stères de bois de chauffage, et l'Administration forestière s'occupa dès lors d'aménager et de délimiter d'une manière précise les divers cantonnements soumis à sa surveillance.

En 1855, la question de propriété fut soulevée de nouveau par les habitants de la Val-Bertrand. Alors, malgré les dénonciations calomnieuses contre le promoteur de cette sage mesure et les tracasseries incessantes et habituelles de quelques esprits haineux ou jaloux, le partage eut lieu judiciairement. Le 28 novembre 1856, le tribunal de Montbrison approuva les prétentions des usagers.

Aujourd'hui, les propriétaires enchantés de jouir de leur bien, comme bon leur semble, sans être astreints au régime forestier, sont forcés d'avouer et de reconnaître, qu'en faisant cesser l'indivision, on leur a rendu un très grand service et que l'homme le plus blâmable n'est pas celui que l'on critiquait dans le principe.

Ceci prouve qu'il ne faut pas toujours écouter

les conseils des gens qui ont intérêt à semer la discorde pour nuire à autrui. En examinant attentivement tous ces débats de Chorsin qui ont fait tant de bruit devant les tribunaux et occupé un si grand nombre d'hommes d'affaires, on ne peut s'empêcher de vouer au mépris public celui ou ceux qui, par leurs fourberies et leurs intrigues sournoises, cherchaient uniquement à satisfaire une basse vengeance contre l'auteur du partage. Tôt ou tard la vérité se fait jour et le monde finit par apprécier à leur juste valeur les hommes qui se laissent guider aveuglément par l'envie et la méchanceté.

C'est sans doute une délicate et difficile mission de faire ainsi de l'histoire à bout portant; mais on écrit courageusement d'une main ferme ce qu'on sait, lorsqu'on est résolu à n'ouvrir son esprit qu'aux nobles suggestions de la justice et de la raison. Dans la vie publique, comme dans la vie intime, il y a souvent profit et sagesse à se souvenir : rappeler les fautes et les erreurs de la veille, c'est peut-être prévenir les erreurs et les dangers du lendemain, l'histoire ayant surtout pour but pratique d'éclairer le temps présent en faisant revivre les temps passés.

La conservation des forêts est l'un des premiers intérêts de la Société, et par conséquent, l'un des premier devoirs des gouvernements; tous les besoins de la vie se lient à cette conservation. L'agriculture, l'architecture, le commerce, presque toutes les industries y recherchent des aliments et des ressources que rien ne pourrait remplacer.

Nos contrées, il y a quelques siècles, étaient couvertes de forêts, dont l'étendue se trouvait tout-à-fait hors de proportion avec les besoins de la population qu'elles avaient alors. On abattait, on coupait indifféremment partout où la nécessité s'en faisait sentir, les bois employés à la consommation. Les capitulaires du IX⁰ siècle avaient bien ordonné quelques précautions d'intérêt public, mais il faut arriver au XIII⁰ pour trouver des réglements forestiers, qui encore pour la plupart ne furent jamais exécutés. Cette première période fut celle de *l'Arbitraire*.

Frappé de l'état désastrueux où étaient les bois par suite des guerres civiles, de l'ignorance des propriétaires et de la négligence de leurs agents, Colbert nomma une commission de vingt-un membres chargés de parcourir les cantonnements forestiers, et de faire une enquête dont le résultat fut l'ordonnance de Louis XIV, en 1669.

A partir de cette époque, commence la seconde période, dite *d'Aménagement*. Depuis 1801 les propriétaires sont entrés dans celle de la *culture forestière* et enfin, de nos jours, nous commençons la quatrième que nous appellerons celle du *Reboisement*.

Ainsi le législateur a pris de tous temps des mesures pour assurer la conservation du sol forestier. Cette matière successivement réglementée par les lois des 29 septembre 1791 et 8 Floréal an VIII, l'est aujourd'hui par le code forestier depuis le 21 mai 1827, et par les lois du 22 juillet 1850, 18 juin 1859 et 20 juillet 1860.

« Les déboisements successifs, disait le rap-
« porteur à la chambre des députés, opérés de
« 1791 à 1803, ont amené une grande diminu-
« tion dans les produits. La facilité d'user et
« d'abuser, inhérente au droit de propriété, doit
« fléchir devant les considérations d'intérêt pu-
« blic. »

Mais le propriétaire qui voudrait exploiter un bois par éclaircies, ou ouvrir des chemins, devrait-il solliciter l'autorisation préalable pour les détrichements partiels qui en résulteraient? La question posée à la chambre des pairs, l'orateur du gouvernement répondit « que la loi avait pour
« but d'empêcher uniquement le défrichement
« qui produirait une diminution du sol forestier;
« que l'administration ne considérait pas comme

« défrichement ce qui était fait, soit pour l'amé-
« lioration ou l'embellissement de la propriété,
« soit pour son exploitation régulière, soit enfin
« pour changer le mode d'exploitation établi. »

Il est donc loisible aux propriétaires de couper tous leurs bois dans la même année, sans observer aucun aménagement, sans s'astreindre à des coupes régulières ou irrégulières.

En 1828, on découvrit dans la forêt de Chorsin, sur la rive droite et dans le lit même du Lignon, deux sources d'eau minérale qui sont, dit-on, douées des mêmes qualités que celles du Sail-sous-Couzan. Pour connaître la vraie nature de cette eau, il faudrait la capter à une certaine profondeur, travail dont le succès et l'opportunité nous paraissent incertains. Elle jaillit d'une fracture de la vallée du petit Lignon, le long de laquelle le granit des montagnes fut soulevé jadis, au delà du niveau du grès anthraxifère. C'est ce qui explique pourquoi cette eau qui paraît être alcalino-saline, est aussi légèrement ferrugineuse, ainsi que le prouve l'évasement rubigineux du rocher et un certain précipité ocreux qu'elle dépose dans un vase après un certain laps de temps.

Maintenant il n'existe plus qu'une seule source ; la première a été détruite, dit-on, par la main d'un prêtre mal avisé qui voulait éviter les rendez-vous de la jeunesse dans cet endroit solitaire.

Non loin de ces lieux se trouve le plus épais de la forêt. L'œil chercherait en vain un éclaircie à travers cette masse impénétrable aux rayons du soleil, et quand on s'en approche, le regard en plongeant entre les sapins, pénètre dans une teinte obscure qui croît à mesure qu'elle s'étend vers le centre. Ces arbres, dont la silhouette tranche sur tout ce qui environne, semblent chercher à planter leurs racines entre les rochers décharnés et en relief que présentent les flancs de la montagne. Sur les bords des glacis, le framboisier nourrit son fruit écarlate; et sur le tapis de mousse, la myrtille acide et fraîche croît en abondance.

« Rien ne présente mieux le site des bains du
« Mont-d'Or que les prairies de Chorsin, de tou-
« tes parts encadrées de hautes montagnes et de
« bois, dit M. Jacquet, de Chalmazelle. Les
« convalescents pendant la belle saison, y res-
« pireraient un air salutaire ; aux mélancoliques
« et aux amateurs de paysages, la forêt offri-
« rait des tableaux curieux et variés, d'épais
« massifs de feuillage où l'indiscret ne pénétra
« jamais, enfin la végétation la plus riche du
« riche empire de la Flore de Pierre-sur-
« Haute. »

Celui qui se rend à la source, au moment des grandes chaleurs, se trouve quelquefois surpris par l'orage, dans ce vallon, où il est impossible d'apercevoir au loin les signes précurseurs du mauvais temps. Par une journée magnifique, tout à coup des vapeurs rougeâtres voilent un soleil éclatant ; le vent commence à souffler à travers les branches et bientôt ses rafales augmentent avec rapidité, produisant un bruit semblable aux vagues agitées de la mer. Insensiblement les nuages s'amoncèlent et le soleil semble nager dans un océan de feu. Il est temps alors de chercher un abri, car soudain l'éclair brille et la foudre roule avec fracas ; ses coups précipités que l'écho multiplie, résonnent dans les gorges de la montagne. Le vent engouffré dans les bois, froissé par les sapins, mugit avec violence. La pluie tombe par torrents et on la voit, comme une nappe d'eau, onduler sur le rideau des arbres. Tout conspire à rendre cette scène émouvante : les éclats de la foudre, le craquement des branches, les échos, le vent, la pluie, les éclairs, tout augmente l'effroi du malheureux qui se trouve en ce moment dans ces tristes parages.

Une demi heure après cette scène, le vent s'arrête, la pluie se dissout dans l'air et une immense fumée ou plutôt un épais brouillard, s'élève au-dessus de Chorsin : c'est la fin de l'orage. Mais pendant que le ciel s'épure et que les rameaux s'égouttent, hâtez-vous de gagner un village à pas précipités, car une nouvelle averse pourrait revenir bientôt.

A trois ou quatre cents mètres de la source, on retrouve des ruines qui indiquent l'emplacement d'une ancienne construction qui fut l'humble demeure du religieux de Chorsin.

Vers l'an 1660 un nommé Antoine Roche, de la Roue, commune de Sauvain, se voua à l'état ecclésiastique et vint se retirer dans cette nouvelle Thébaïde pour s'y livrer en paix et loin du monde, à l'exercice de toutes les vertus monastiques. La vie de ce pieux cénobite s'écoula entre la prière, la méditation et la lecture des Saints Pères. Il habita jusqu'à sa mort un petit réduit composé de deux chambres et d'une modeste chapelle. Un ancien desservant de Sauvain nous a affirmé avoir pris connaissance du réglement de vie de ce moine. Cette pièce existe encore dans cette commune.

Les biens du religieux furent vendus comme biens nationaux et le sieur Rondel de la Mure doit posséder un pré qui faisait partie de ce patrimoine.

Les pierres du portail de la chapelle ont servi pour l'entrée d'une jasserie qui appartient aujourd'hui au sieur Griot, de Roche.

Dans la partie de la forêt de Chorsin qui est sur le territoire de Sauvain et du côté nord, se trouvait, avant la révolution, un couvent ou plutôt une communauté de Bénédictins. Dans leur sanctuaire dédié à la Vierge-Marie, on voyait une petite statue en bois. Elle faisait de nombreux miracles et de tous côtés on y venait en pélérinage, surtout les jours de fête du quinze août et du huit septembre de chaque année.

Ce saint lieu devint, par la suite, le rendez-vous des jeunes libertins qui s'y réunissaient pour s'y livrer impunément à la débauche, à la danse et à l'ivrognerie. Une rixe eut lieu entre deux jeunes gens qui courtisaient la même donzelle, et l'un deux fut assassiné par son rival. La justice était prompte et expéditive à cette époque de barbarie; aussi, le meurtrier reconnu coupable fut-il bientôt pendu *haut et court* près du couvent.

L'Archevêque, pour mettre fin à tous ces désordres, interdit la chapelle et les religieux durent abandonner le monastère.

On retrouve encore l'emplacement du couvent et nous voyons, même aujourd'hui, quelques arbres plantés par les religieux.

En 1727, Messire André Roche, prêtre du lieu

de Cremorel, près Trelins, donna à l'église de Champdieu, sous messire de Montmain, curé, la petite statue de la Vierge noire qui venait de l'hermitage de Chorsin. Cette relique qui serait, dit-on, en bois de citronnier, proviendrait d'un don fait par Saint-Louis, à son retour des croisades.

De nos jours elle est encore en grand honneur à Champdieu et dans toute la plaine. De tous côtés on y amène les enfants en bas âge et les *Salve regina* qui se disent alors produisent un petit bénéfice au pasteur de la paroisse. Soit dit, sans blesser la croyance des bonnes femmes, le revenu vaut mieux que le capital.

Au XIII° siècle, vivait un nommé Guillaume-de-Chorsin qui épousa Dauphine de Pralong. Les uns en font un seigneur du château de Chorsin, d'autres un religieux de l'hermitage qui porta ce nom. Quoi qu'il en soit, ce pieux personnage qui était très riche, légua à l'église de Sauvain plusieurs propriétés, entr'autres une jasserie que la fabrique possède encore et le nom de ce bienfaiteur se trouve toujours sur le nécrologe de cette paroisse. Dans son testament « il donna au cou-« vent de la Bénissons-Dieu, pour le repos de « son âme et de celle de ses prédécesseurs, tout ce « qui lui appartenait, jusqu'à Garnier et aux

« sources du Lignon, soit en terres, prés, pâtures
« et bois. »

Voici un extrait de la Charte par laquelle Renaud, archevêque de Lyon, fils de Guy II, comte de Forez, confirme la donation de Guillaume-de-Chorsin :

> « Sciat ergo universitas terræ quod Guilelmus
> « de Chaorem, in præsentiâ patris mei, in
> « ultimâ voluntate suâ, testamentum faciens,
> « dedit domui Benedictionis-Dei et legavit pro
> « salute animæ suæ et antecessorum suorum
> « quid sui juris erat usque in Garner et usque
> « in aquam de Lignon, in pascuis, terris, pratis
> « et nemoribus, liberè in perpetuum et quietè
> « possidenda etc. etc...
>
> « Anno 1206. Coram patre meo, Guy II. »

On sait que l'ancien manoir de Chatelneuf, qui donna à la commune le nom qu'elle conserve aujourd'hui, n'existe plus depuis longtemps et que le village de Boibieu est devenu le chef-lieu de cette commune. « Quelques débris dispersés
« sur l'emplacement qu'il occupait indiquent
« seuls sa situation, sans pouvoir fournir des
« données suffisantes pour apprécier son ancienne
« importance. Bâti par les premiers comtes du
« Forez, il remplaça, sans nul doute, sur la butte
« volcanique où il était situé, un de ces postes
« d'observation établis peut-être par les romains,

« ou tout au moins un de ces signaux de guet
« qui servaient aux anciens peuples du Forez.
« C'est dans cette demeure que les comtes envo-
« yaient leur fils passer la belle saison, à cause de
« pureté de l'air. » (*) Or, les jeunes comtes charmés du site de Chorsin, y firent élever une tour appelée *De Lienne*, où ils se rendaient chaque année. D'aucuns prétendent avoir découvert les vestiges de cette construction qui pourrait bien être *le château de Chorsin* dont il est question dans plusieurs anciens titres.

(*) La France par cantons, publiée par Théodore Ogier.

LE CHAMP DE LA CLAIE

Le champ de la Claie est un tènement de bois, terres, rochers et pâtures situé au sud-ouest du bourg de Saint-Bonnet, sur le versant nord d'une montagne qui domine le bassin du Lignon et dont la déclivité atteint jusqu'à vingt centimètres par mètre, dans les points culminants.

Ce bois d'une contenance totale de 82 hectares 70 ares, est peuplé de pins sylvestres, de l'âge de 10 à 40 ans, qui croissent dans un sol éminemment approprié à leur développement.

Cette montagne fut donnée à l'abbaye de la Bénissons-Dieu, au XIIe siècle, par Guy II, comte du Forez. Au XVe siècle, elle appartenait à Jean de Bourbon, auquel elle avait été cédée en apanage par Louis de Bourbon, à l'occasion de son mariage avec Marie de Berry, fille aînée de Jean de France, duc de Berry.

Avant d'être fait prisonnier par les Anglais à la

fameuse bataille de Poitiers, Jean de Bourbon abénévisa les bois du champ de la Claie à divers habitants de la commune de Saint-Bonnet. Mais bientôt ces derniers eurent des difficultés avec leurs voisins, qui prétendaient aussi y avoir des droits. Une sentence prononcée par le juge de Châtelneuf, le 14 février 1419, maintint dans leur libre possession les maîtres de l'Abénévis.

Le 4 avril 1430, un sieur Jean Horizet obtint par ruse, de la duchesse de Berry, un titre d'achat de cette forêt. Cet homme fourbe et rapace, usa de stratagème pour obtenir à vil prix cette concession : il prétexta que les usufruitiers pourraient se dispenser facilement de jouir de ces pâturages.

Les abénévisataires justement irrités, présentèrent une requête à la comtesse du Forez, afin de rentrer dans leur propriété. Marie de Berry délégua un commissaire à terriers pour vérifier les faits allégués de part et d'autre. Ce dernier, s'étant transporté sur les lieux en litige, reconnut la fourberie et l'imposture du sieur Horizet.

Non contente de rendre justice à ses vassaux, Marie de Berry, duchesse du Bourbonnais et d'Auvergne, dame de Beaujeu, donna alors, par acte du 29 octobre 1432, la libre jouissance et possession de cette forêt aux pauvres habitants de quelques villages, dont les représentants, au nombre de seize, avaient imploré sa protection.

Les seize habitants qui obtinrent cette faveur, furent; les sieurs Mathieu Berger, Jean Masson, Martin et Jean Masson frères, Jean Delabre, Pierre Giraud, Pierre Marut, Jean Plagneux, tous du lieu de Courreau; le Jean, le petit Martin et Jean de Chavanne; Thomas de la Chal, Barthélemy Groulin de Trécisse, Pierre Portier ou les héritiers de Saint-Bonnet, Mathie Masson, veuve Maisonneuve de Grandris et Pierre Renost de la Valbertrand.

Cette concession fut faite moyennant vingt ras d'avoine et cinquante écus d'or.

Dans cet acte, octroyé à Sury-le-Bois, on fixa ainsi les limites et le privilège :

« C'est à savoir jointe le chemin par lequel on va
« dudit lieu de Saint-Bonnet à la Croix de Trévon et
« tendant à Bonnefont, à la saigne Vercheraune
« et d'icelle saigne, à la saigne de Courro et
« dudit lieu au tenement des Passeaux et dudit tene-
« ment au chier Chergent, tendant au chemin Charria,
« et dudit chemin à la forêt de Malpertuis et d'icelle à
« la Croix de Trevon. . . . .

« Pour achever les plaits et procès desdites parties et
« habitants qui sont tous hommes hostes, sujets de
« mondit seigneur et de nous, eussions ordonné par
« nos précédentes lettres de visiter et de faire la visite

« de ladite Chal au mandement de Chatelneuf et aussi
« de voir et visiter les lettres, pièces et sentences d'où
« lesdits habitants se voulaient user en cette partie,
« rapporter vérité de la besogne etc. . . . . .

« Savoir vous faisons, qu'informé de la vérité du fait
« par le rapport du président Ponchon Robert, voulons
« et nous plait, que lesdits pauvres habitants de Cha-
« vanne, ceux de la Chal et autres lieux consorts,
« soient maintenus gardés en leurs droits, concessions,
« libertés et saizine anciennes.

« Nonobstant l'abénévis nouveau que ledit Horizet a
« voulu faire, duquel nous l'avons débouté et déboutons
« qu'il ne sortisse aucun effet au préjudice desdits
« pauvres habitants et si vous mandons que de notre
« présente grâce et octroy faisiez et souffriez jouir les-
« dits de Chavanne et autres habitants consorts, plei-
« nement et paisiblement sans contredit, car ainsi nous
« plait et ce voulons être fait, et auxdits habitants
« l'avons octroyé de grâce spéciale, par ces présen-
« tes, etc... »

Nous ne connaissons pas d'actes qui nous apprennent de quelle manière était exercée cette jouissance, et il est à présumer que sur ce vaste tènement couvert de bruyères et de pins, le pâturage dût occuper la plus large place. Dans les parties boisées d'où l'on pouvait retirer quelques produits, les exploitations dûrent se faire sous la direction d'un syndic nommé par les ayant-droits. Nous ignorons également, si cette forêt fut soumise à l'administration de la maîtrise des eaux et forêts et si l'on y appliqua les prescriptions de l'ordonnance de 1669.

En 1790, vingt-six propriétaires se firent imposer sur les états de section et matrice du rôle, puis firent une coupe à taille ouverte. Ceux-ci se trouvent représentés, aujourd'hui, par 94 ayant-cause, de divers villages, savoir : douze au Roure, un à Sagne-Grolle, sept au Genetey, deux à la Mure, quatre au Verdier, deux à la Goutte, onze à Bourchanin, un aux Passeaux, vingt-trois à Courreau, quinze à Trécisse et seize à Chavanne.

Le 27 juillet 1841, les agents de l'administration des forêts démontrèrent l'origine communale de cette propriété, en se fondant sur le texte même de l'acte du 29 octobre 1432.

Par ordonnance royale du onze septembre 1842, le champ de la Claie fut soumis alors au régime forestier, comme étant susceptible d'améliorations importantes et d'un aménagement régulier.

Cette forêt a été complètement transformée et l'on reconnaîtrait difficilement, aujourd'hui, le tènement autrefois couvert de genêts et de bruyères soumis aux déplorables abus du pâturage.

Sous la surveillance active de l'administration, des désordres ont disparu, et en 1842, l'entrée des bois fut interdite aux bestiaux. Dès lors, les jeunes plants ont pu se développer et le massif est devenu plus complet et plus compact; enfin, dans une période de vingt-deux ans, la propriété a triplé de valeur et les produits sont devenus plus abondants.

Aucun aménagement définitif n'a encore été appliqué dans le champ de la Claie. Les coupes d'éclaircie et de nétoyement préparatoires au régime de la futaie ont été commencés il y a dix ans environ. Elles comprennent une contenance de huit hectares à exploiter chaque année. Les produits sont enlevés par un entrepreneur responsable et répartis en lots égaux, pour être tirés au sort par les affouagistes.

Chaque coupe produit environ 10,000 fagots. Celle à exploiter en 1864 est la dernière de la période décennale.

Depuis quelque temps, sur la demande de plusieurs habitants, l'administration empressée de satisfaire de justes réclamations, a livré les cantons défensables, au parcours des bestiaux.

Chaque année, et pendant plusieurs mois, les affouagistes peuvent conduire leur bétail dans les parties boisées qui leur ont été désignées; il faut compter environ deux cents têtes de bétail admises au paccage dans le champ de la Claie.

En 1852, trois hectares environ de bois ont été incendiés par malveillance ; c'est dans cette partie de la forêt, que l'on trouve la succulente et délicate morille si recherchée et si appréciée par nos gourmets foreziens.

Au printemps de l'année 1863, et d'après les dispositions de la loi sur le reboisement des montagnes, le canton du Brulé a été repeuplé en pins et épicéas, par voie de semis. Tout fait espérer que ce massif se complètera entièrement et que la valeur vénale de cette propriété forestière ira toujours en augmentant.

Si quid novisti rectius isti, ego candidus imperti.

CONCLUSION

Il existe dans le cours de ce petit ouvrage un grand nombre de lacunes que nous n'avons pas voulu combler, de crainte de blesser involontairement les susceptibilités de quelques personnes. — Le lecteur voudra bien nous les pardonner.

Un simple tabellion de montagne, voué seulement à la littérature du papier timbré, ne peut être qu'un très mauvais narrateur. Et cependant, si on y réfléchit bien, qui, mieux que le notaire, est en mesure de recueillir les documents intimes nécessaires à l'histoire locale ?

Aujourd'hui, que le chiffre tue l'idée et que le *positivisme* est presque général, les notaires doivent être non seulement les *gardiens du coffre-fort, cette conscience moderne*, mais encore les *seuls archivistes* de leurs anciennes minutes. Point de feinte pour eux, point d'illusion, point de mensonge. Ils lisent quelquefois au fond du cœur comme au fond de la bourse ; ils savent ce que les pâles sourires de cette jeune fiancée cachent de déceptions, de regrets et de larmes ; ce que déguisent d'impatience et de joie les pleurs hypocrites de cet héritier ; ce que valent enfin les promesses et les serments des faux bonshommes. Sous les masques trompeurs que de turpitudes ne découvrent-ils pas? Le dévot par intérêt dévoile alors sa tartufferie puritaine ; l'aristocratie bâtarde, de nom, d'argent, de robe et d'épée, sa roture et ses prétentions surannées ; le paysan esclave du préjugé et de la routine, son égoïsme et son désir aveugle de la propriété ; le financier, ses calculs quelquefois équivoques ; l'usurier, sa rapacité et son inquiétude fébrile ; le négociant, son amour effréné du lucre à tout prix ; le boutiquier, son étroitesse d'esprit et de cœur ; l'ouvrier, son insouciance et ses défauts d'éducation ; le rentier, ses manies ridicules ou ses exigences méticuleuses; le parvenu, son orgueil insolent et son idolatrie pour le veau d'or ; le malheureux, ses bassesses ; les privilégiés, les faiseurs, les déclassés et les incompris, les jongleries de leur existence.

Tous les ressorts qui font mouvoir les marionnettes humaines, viennent aboutir souvent dans les études ou dans les cabinets des hommes d'affaires et les vieux praticiens connaissent quelquefois le premier acte de bien des comédies dont vous ne voyez que le dénoûment dans le monde, parce qu'ils connaissent les trois clefs mystérieuses qui ouvrent le présent, le passé et l'avenir des familles : *les mariages, les testaments et les liquidations.*

Dans nos modestes cartons qui semblent ne renfermer que vieilleries et poussière, l'œil étonné trouverait de quoi brouiller des amis, diviser des parents, séparer des époux et ruiner le crédit chancelant de prétendus favoris de la fortune.

Aussi, un notaire expérimenté qui aurait le temps et le talent nécessaires pour écrire, sans enfreindre ses devoirs professionnels, tous les faits particuliers qu'il connait, pourrait être le moraliste le plus profond et l'historien le plus fidèle de notre époque ; car, nul mieux que lui, n'apprendrait à connaître la vérité, à estimer l'homme de bien et à suivre cette sainte maxime de nos pères: *Fais ce que dois, advienne que pourra.*

TABLE DES MATIÈRES

	pg.
Aux lecteurs	I
Topographie	1
Mœurs	6
Produits	31
Culte	40
Faits principaux	62
Grandris	111
Généalogie des Seigneurs de Grandris	124
La Chapelle de Courreau	136
Pierre-sur-Haute et les Jasseries	144
Le Pont du Diable	169
Un épisode sous la terreur	189
La Forêt de Chorsin et le bois du Champ de la Claie	204
Conclusion	231

ERRATA

Page 13, ligne 10, *lisez :* diable ma fi ! *répètent-ils souvent par habitude.*

— 25, ligne 20, *lisez :* mais si vous ne fréquentez pas *les Sacrements.*

— 29, *lisez :* l'exemple de ceux qui parviennent *à réussir dans le monde.*

— 87, *lisez :* desservit *quelques un des hameaux.*

— 104, *lisez :* une levée de *trois cent mille hommes.*

— 144, ligne 4, *lisez :* petra super alteram petram, — Petra super altarem ; *Pierre sur autre pierre, — Pierre sur un autel.*

— 145, *lisez :* *Cassini* et non pas Cassinir.

— 147, ligne 20, *lisez :* après trois heures de marche environ.

— 164, ligne 11, *lisez :* pouvant contenir *cent cinquante vaches ou génisses.*

— 204, *lisez :* d'une altitude de *1,075 mètres.*

— 212, ligne 9, *lisez :* cherchaient uniquement à satisfaire une basse vengeance *contre M. F... le promoteur du partage*.

— 214, *lisez :* 28 juillet 1860.

www.ingramcontent.com/pod-product-compliance
Lightning Source LLC
Chambersburg PA
CBHW071910160426
43198CB00011B/1243